SPORTSTUNDE GRUNDSCHULE

Herausgegeben von
Stefan König und Klaus Roth

Bibliografische Information der Deutschen Nationalbibliothek
Die Deutsche Nationalbibliothek verzeichnet diese Publikation in der Deutschen Nationalbibliografie; detaillierte bibliografische Daten sind im Internet über http://dnb.d-nb.de abrufbar.

Bestellnummer 2820

www.hofmann-verlag.de

Erschienen als Band 2 der „Sportstunde Grundschule"

Druck: Druck- und Kalender-Marketing Sosset GmbH, Kißlegg

Printed in Germany · ISBN 978-3-7780-2820-9

Inhaltsverzeichnis

IV Fünf Stundenentwürfe für den Übergang in die Klasse 5

Anhang

Vorwort

Die Forderung nach der täglichen Sportstunde und die damit verbundene Umstellung von Doppel- in Einzelstunden hat zur Folge, dass in vielen Grundschulen das Turnen an Geräten nur noch rudimentär und teilweise überhaupt nicht mehr stattfindet. Mit Wegzeiten und vergleichsweise langen Zeiten für das Umziehen bleiben als tatsächliche Bewegungszeit oft nur 15–30 Minuten übrig. Dass diese Zeit nicht auch noch mit dem Aufbau von Geräten verbracht werden soll, ist nachvollziehbar. Den Kindern fehlen dadurch aber elementare Bewegungserfahrungen wie stützen, hangeln, klettern, schwingen, drehen oder rollen, die zu einer vielseitigen (sportmotorischen) Entwicklung dazu gehören. Das Bewegen an und mit Geräten findet sich daher in fast allen Lehr- und Bildungsplänen für die Grundschule wieder.

Mit dem Band **Turnen in der Primarstufe** werden Anregungen und Vorschläge gegeben, wie Lehrkräfte die Turngeräte mal in einfachen, mal in komplexeren Gerätearrangements in den Sportunterricht integrieren können. Das Buch richtet sich auch an diejenigen, die im Rahmen der schulischen Ganztagsbetreuung mit Kindern Turnen sowie Kinderturnen im Verein anbieten. Bewusst wurden neben gerätturnerischen Inhalten zentrale Themenbereiche des allgemeinen Kinderturnens integriert, dessen Grundidee eine sportartübergreifende Grundlagenausbildung und damit eine umfassende motorische Ausbildung ermöglicht.

Bei der Entwicklung der Stundenbilder war das Schwerpunktfach Gerätturnen der Eberhard Karls Universität Tübingen beteiligt. Die im Inhaltsverzeichnis genannten Studierenden entwickelten anhand der Lehr- und Bildungspläne der Grundschulen, ausgewählter didaktischer Konzepte, des Rahmenlehrplans Kinderturnen sowie der motorischen Grundtätigkeiten Stundenentwürfe, die mehrfach diskutiert und in der Praxis getestet wurden. Eine anschließende Erprobung durch Frau Gerber an der Auchtertschule in Degerschlacht lieferte wertvolle Hinweise. Parallel dazu wurden von Franziska Fuchs, Elena Gottfried, Mirjam Hammer, Bettina Maucher, Verena Schrem und Jonathan Schoettle die Videos und ein Großteil der Bilder erstellt. Allen Beteiligten gilt mein herzlicher Dank.

Sven Lange

Einleitung

Turnen in der Grundschule wurde lange Zeit ausschließlich als Gerätturnen mit Kindern verstanden, das auf den außerschulischen Sport, also das Gerätturnen im Verein, vorbereiten oder dieses unterstützen soll. Dabei galt die Maxime der Pyramide mit Blick auf den Wettkampf- und Spitzensport: Je mehr Kinder in der Breite turnen, desto höher ist die Wahrscheinlichkeit der Entwicklung von Spitzenturnern.

Seit etwa 1980 hat sich das Turnen im Kindesalter in zwei Bereiche aufgegliedert: das wettkampforientierte Gerätturnen und das allgemeine Kinderturnen. Dabei galt das Kinderturnen völlig zu Unrecht als Spielwiese, in der die Kinder spielen, Spaß haben, aber weder methodisch arbeiten, noch auf die Turnsportarten vorbereitet werden. Es bedurfte viel Überzeugungsarbeit in den eigenen Reihen des Turnerbundes, um das Kinderturnen dorthin zu bringen, wo es heute steht: das Kinderturnen als die Grundlagenausbildung für alle Sportarten. Mittlerweile bestreitet keiner mehr, dass es die umfassendste Grundlagenausbildung und somit ideal für das spätere Sporttreiben in fast allen Sportarten ist.

Mit dem 2013 erschienenen Lehrplan Kinderturnen des Schwäbischen und Badischen Turnerbundes wurde die Schnittstelle zum Turnen in der Schule geschaffen, wobei die Botschaften *Bewegen, Üben, Spielen, Mitmachen, Erleben* und *Können* die oben angesprochene Vielfalt des Kinderturnens unterstreichen. An diese Grundlagen knüpft das vorliegende Buch „Turnen in der Primarstufe“ an.
Das Ziel besteht nicht darin, eine gerätturnerische Grundlagenausbildung vom Verein in die Schule zu übertragen, sondern vielmehr zu schauen, was die Kinder in diesem Alter aus dem Kinderturnen kennen und können. Die Mehrzahl der Kinder, die mit dem Sport in diesem Alter bereits in Berührung kommen, hat ihren Erstkontakt im Kinderturnen. Da jedoch nicht alle Kinder im Verein Sport treiben oder gar Turnen, galt es Aufgaben zu finden, die von allen Kindern durchgeführt werden können. Das gilt auch für die Organisationsformen, die oft vergleichbar sind: 25 Vereinskinder im Kinderturnen sind keine Seltenheit und in etwa diese Größe haben auch Schulklassen. Somit ist bereits an dieser Stelle klar geworden,

dass sich dieses Buch nicht nur an die Lehrerinnen und Lehrer der Grundschule richtet, sondern genauso gut im Kinderturnen eingesetzt werden kann; dessen Lehrplaninhalte wurden zumindest indirekt mit berücksichtigt.

Ein wichtiges Fundament liefern die Lehr- und Bildungspläne der Grundschulen. Die dort genannten fachlichen und überfachlichen Kompetenzen wurden bei der Entwicklung der einzelnen Stunden explizit berücksichtigt. In die Überlegungen flossen auch verschiedene didaktische Ansätze mit ein, die das Turnen in der Schule maßgeblich beeinflussen. Welche dies sind und welche Charakteristika sie aufweisen, wird in Kapitel I in aller Kürze erläutert. Zudem finden sich in Kapitel I Hinweise, was beim Aufwärmen zu beachten ist, eine zusammenfassende Betrachtung zum Thema Helfen und Sichern, ein Kurzüberblick über die verwendeten Turngeräte, Erläuterungen zu den unterschiedlichen Turnmattentypen sowie Tipps zu Gerätealternativen.

I

Theoretische Vorüberlegungen

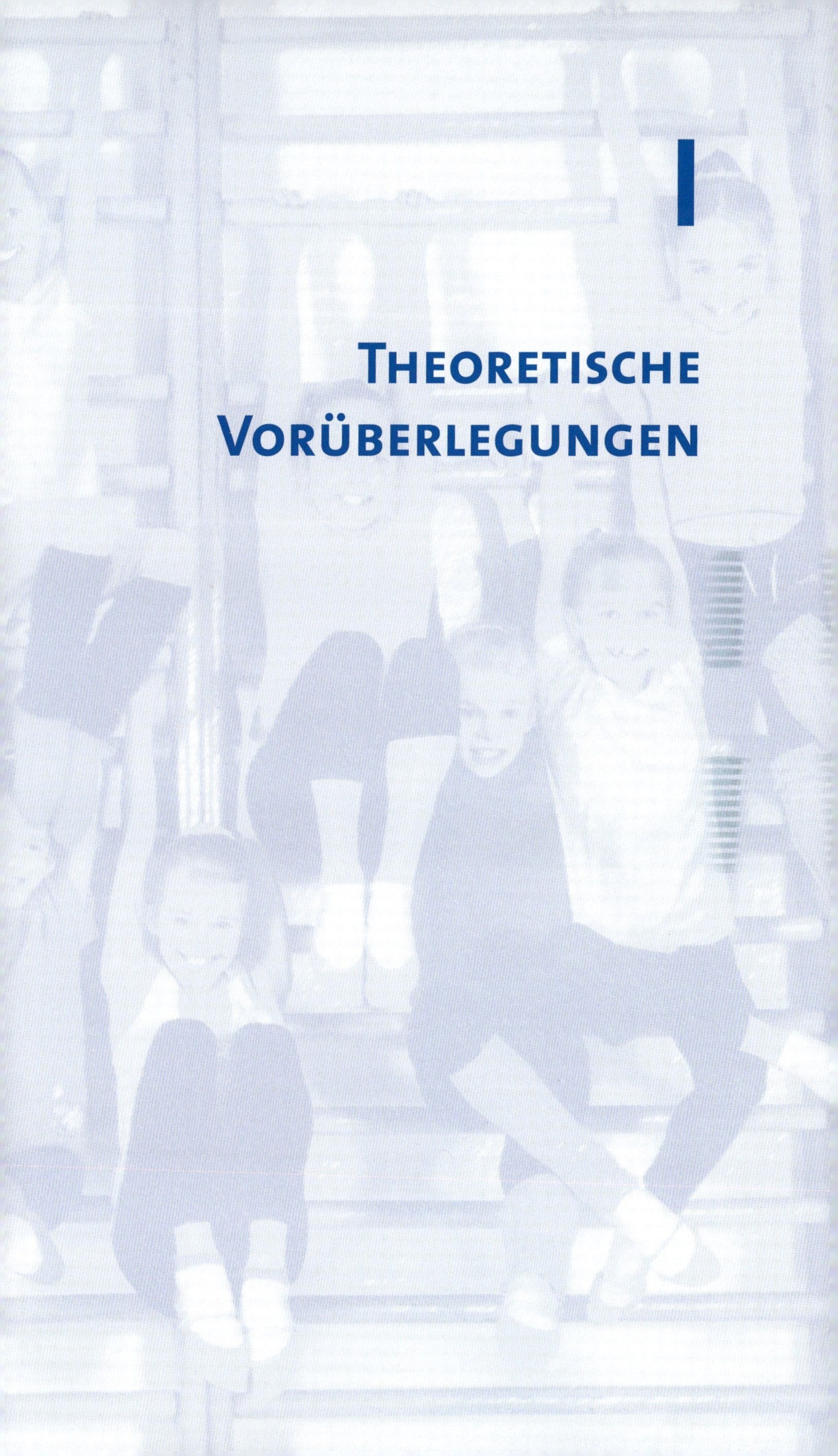

1 Grundschullehrpläne

Band 1 der Reihe Sportstunde in der Grundschule, die Ballschule in der Primarstufe (Roth et al., 2014), erläutert ausführlich die Merkmale der aktuellen Lehrpläne für Grundschulen und verweist auf den alle Lehrpläne verbindenden Kompetenzbegriff und die daraus folgende Vermittlung überfachlicher und fachlicher Kompetenzen. Bei den überfachlichen Kompetenzen, die für alle Schulfächer gelten, werden lernmethodische, personale und soziale Kompetenzen unterschieden, die mit unterschiedlicher Gewichtung in den einzelnen Fächern Eingang finden sollen (vgl. Roth et al., 2014, S. 11–13).

Die Bücher der Reihe Sportstunde Grundschule orientieren sich an den fachlichen Kompetenzen, die in den Curricula für den Sportunterricht ausgewiesen werden. Ihre Ausrichtung kann sich dabei entweder auf ausgewählte prozessbezogene oder auf inhaltsbezogene Bereiche beziehen. Prozessbezogene Kompetenzen werden dabei einerseits als pädagogische Perspektiven oder Dimensionen des Schulsports bezeichnet, inhaltsbezogene Kompetenzen werden in Form von Bewegungsfeldern oder Themenfelder aufgegriffen (vgl. ebd., S. 15). Band 1 der Reihe verdeutlicht anhand einer genauen Auflistung, „dass es bei der Ausdifferenzierung der Kompetenzbereiche – über die Teilrahmenpläne Sport der Bundesländer hinweg – wiederum viele Ähnlichkeiten gibt" (ebd., S. 15).

Die fachlichen Kompetenzbereiche in Bezug auf das Turnen stellen sich wie folgt dar:

Tab. 1: Fachliche Kompetenzbereiche für den Sportunterricht an Grundschulen, Bereich „Turnen"

Bundesland	Inhaltsbezogener Kompetenzbereich „Turnen"	
Baden-Württemberg	Bewegen am Boden, an Geräten und in der natürlichen Umgebung	Ende von Klasse 2 • Die Schülerinnen und Schüler können sich in ihrer natürlichen Umgebung, in Bewegungslandschaften und in der Auseinandersetzung mit Großgeräten und Gerätekombinationen geschickt und sicher bewegen.

Bundesland	Inhaltsbezogener Kompetenzbereich „Turnen“	
Baden-Württemberg		• Innerhalb von Bewegungsgruppen wie Drehen/Rollen, Springen/Schweben/Überschlagen, Schwingen/Schaukeln, Balancieren/Klettern grundlegende Erfahrungen sammeln. • Mit Geräten und Materialien Bewegungslandschaften bauen und verändern. • Die Schülerinnen und Schüler kennen die Geräte und können immer mehr Verantwortung beim Auf-, Um- und Abbau übernehmen. Ende von Klasse 4 • Die Schülerinnen und Schüler können Situationen des Rollens, Springens, Überschlagens, Schwingens, Felgens, Balancierens und Kletterns, auch in der natürlichen Umgebung, erkunden, erfassen, üben und gestalten. • Mit Geräten und Materialien Bewegungslandschaften bauen, gestalten, verändern und sich daran gewandt bewegen. • Die Geräte benennen, sie aufbauen, absichern und abbauen. • Sich gegenseitig helfen, wo dies möglich ist.
Bayern	Bewegungsgrundformen	Grundlegende Kompetenzen zum Ende der Jahrgangsstufe Klasse 1/2: Bei Auf- und Abbauten, im Umgang mit Klein- und Großgeräten sowie bei verschiedenen Bewegungsaufgaben helfen sie sich gegenseitig und übernehmen dadurch Verantwortung. Klasse 3/4: Die Schülerinnen und Schüler bewegen sich freudvoll und sicher in den *Sportlichen Handlungsfeldern (u. a. Turnen).* Sie bewältigen altersspezifische Bewegungsaufgaben, erkennen und beachten Schwierigkeiten und mögliche Gefahren (z. B. beim Turnen).
Berlin Brandenburg Bremen Mecklenburg-Vorpommern	Bewegen an Geräten	Standards am Ende der Jahrgangsstufe 4 Schülerinnen und Schüler • präsentieren Bewegungsformen und -fertigkeiten an einigen Geräten allein, mit Partnerin bzw. Partner oder in der Gruppe. • treffen Handlungsentscheidungen risiko- und verantwortungsbewusst. • übernehmen ausgewählte Aufgaben zur Sicherheitsstellung und Hilfeleistung. • bauen gemeinsam Geräte sicher auf und ab. • verstehen Grundbegriffe der Fachsprache.

Bundesland	Inhaltsbezogener Kompetenzbereich „Turnen"	
Hamburg	Bewegen an und von Geräten	In diesem Bewegungsfeld • machen Kinder raum- und gerätespezifische Bewegungserfahrungen an den Geräten. • passen sie ihre konditionellen und koordinativen Fähigkeiten den Geräte- und Bewegungsanforderungen an und erweitern sie. • erfinden sie Bewegungsformen an Geräten, und erlernen tradierte. • variieren und kombinieren sie ihre Bewegungsfertigkeiten und lernen sie zu gestalten und zu präsentieren. • erstellen sie vorgegebene und selbst erfundene Gerätearrangements und verändern sie gemäß ihren Bewegungsbedürfnissen. • bewegen sie sich allein und miteinander an den Geräten und können sich gegenseitig helfen. • gehen sie sicher und sachgerecht mit Geräten um, erkennen Risiken für sich und andere und sichern Gefahren angemessen ab.
Hessen	Bewegen an und mit Geräten	Bewegen an und mit Geräten ermöglicht das Sammeln vielfältiger Bewegungserfahrungen. In der Auseinandersetzung mit verschiedenen Bewegungsformen an Geräten und der Wahrnehmung des eigenen Körpers in unterschiedlichen Bewegungssituationen entwickelt sich Bewegungssicherheit und eine realistische Einschätzung der eigenen Möglichkeiten. Ende Jahrgangsstufe 4: Stützen, Rollen, Klettern, Hangeln, Schwingen, Balancieren, Drehen, Springen an verschiedenen Geräten und Bewegungslandschaften stellen elementare Formen turnerischer Bewegung dar. Die spielerische und sachgerechte Auseinandersetzung mit Handgeräten und Alltagsmaterialien in unterschiedlichen Sozialformen eröffnet eine Vielfalt von Bewegungsmöglichkeiten. Kenntnisse über die Nutzung von Geräten und ihren Auf- und Abbau unter Beachtung der Sicherheitsaspekte sind dafür eine unverzichtbare Voraussetzung.
Niedersachsen	Turnen und Bewegungskünste	Turnen und Bewegungskünste umfassen erlebnisreiches Bewegen in Bewegungsarrangements, Partnerakrobatik, Jonglage und Bewegungstheater als circensische Kunststücke, Klettern und Hangeln in ungesicherten und seilgesicherten Bereichen und ermöglichen • das Gestalten von Bewegungen als Kunststück.

Bundesland	Inhaltsbezogener Kompetenzbereich „Turnen“	
Nieder-sachsen		• Bewegungserlebnisse im Sinne außergewöhnlicher Körpererfahrungen. • das Halten und Stützen des Körpergewichts. • die Erfahrungen gegenseitigen Vertrauens, Helfens und Sicherns. • den akrobatischen Umgang mit Partnern und Geräten. • das Darstellen eines Themas im Bewegungstheater. • den selbstsichernden Umgang mit Wagnis und Risiko. Die genannten Themen beziehen sich auf die Grundformen des Turnens: Rollen, Drehen, Stützen, Überschlagen, Schwingen, Springen, Balancieren und Klettern.
Nordrhein-Westfalen	Bewegen an Geräten	Beim Schwingen, Schaukeln, Springen, Drehen, Rollen an Geräten nehmen Kinder ihren Körper in unterschiedlichen Raumlagen und Raumbeziehungen wahr und machen Erfahrungen mit der Schwerkraft, dem Gleichgewicht und der Höhe. Hierbei lernen sie, Risiken abzuwägen, Angst zu äußern und zu bewältigen und ihre eigene Leistungsfähigkeit einzuschätzen. Durch die Gestaltung und Präsentation von Bewegung können Mädchen und Jungen Bestätigung erfahren und Bewegungsfreude erleben. Hier finden die Kinder auch einen ersten Zugang zu turnerischen Bewegungsformen, die sie auf Grund ihrer günstigen körperlichen Voraussetzungen schnell erlernen können. Kontinuierliches Üben sichert für jedes Kind eindrucksvoll erworbenes Bewegungskönnen. Soziale Erfahrungen erschließen sich durch vielfältige Möglichkeiten miteinander zu turnen sowie beim Sichern und Helfen. Schwerpunkte sind: • den Körper im Gleichgewicht halten. • den Körper im Fliegen, Drehen und Rollen erleben. • Körperspannung und Kraft in ihrer Bedeutung für das Gelingen turnerischer Anforderungen erleben und aufbauen. • Kunststücke erfinden und bewältigen, sich etwas trauen. • Gerätekombinationen herstellen, bewältigen und variieren. • elementare turnspezifische Bewegungsformen erlernen, üben und anwenden.

Bundesland	Inhaltsbezogener Kompetenzbereich „Turnen“	
Rheinland-Pfalz	Bewegen an Geräten	Die Schülerinnen und Schüler • verfügen über vielfältige Bewegungserfahrungen an Gerätebahnen, -landschaften, Bewegungsbaustellen usw. • führen turnerische Grundtätigkeiten (drehen, springen, balancieren, stützen, rollen, überschlagen, klettern, hangeln, schwingen) sicher aus. • kennen ausgewählte Fertigkeiten in der Grobform und führen diese aus. • stellen selbstständig Bewegungsverbindungen zusammen und führen diese aus. • kennen und beachten Grundregeln der präventiven Unfallverhütung.
Sachsen	Turnerische Übungen	Klassenstufen 1/2 Erkunden und Üben vielfältiger Bewegungen an Geräten • Elementare motorische Fertigkeiten an unbekannten Geräten. • Bewegungserfahrungen sammeln: Gehen/Laufen, Ziehen/Schieben, Balancieren, Klettern/Steigen, Hangeln/Stützeln, Rutschen, Drehen und Rollen. • Überwinden von Hindernissen. • Sicherheitsbestimmungen einhalten. • gemeinsam den Geräteauf- und -abbau erlernen. Sowie zahlreiche Details, etwa zum Rollen, zur Entwicklung von Kraft, Koordination, zum miteinander Turnen, …
Sachsen-Anhalt	Bewegen an Geräten	Jahrgang 2 • Bewegungserfahrungen im Erkunden, Überwinden, Nutzen von Geräten und Gerätearrangements besitzen. • Grundformen der Bewegung (Rollen, Stützen, Balancieren, Hängen, Schwingen, Klettern, Klimmen, Springen) und einfache turnerische Fertigkeiten an Geräten beherrschen. Jahrgang 4: • Individuelle Bewegungsformen an Geräten und Gerätelandschaften anwenden. • Turnerische Fertigkeiten an Geräten beherrschen und variabel in Verbindungen gestalten.

Bundesland	Inhaltsbezogener Kompetenzbereich „Turnen“	
Saarland	Bewegen an Geräten	Klasse 1/2 • Bewegungsgrundformen: • Kriechen und Klettern • Balancieren • Hängen und Hangeln • Stützen • Schaukeln und Schwingen • Rollen • Springen Klasse 3/4 Bewegungsgrundformen: • Springen, Balancieren, Stützen. • Rollen, Schaukeln und Schwingen.
Schleswig-Holstein	Bewegen an und mit Geräten	• Geräte in freien Bewegungen erkunden. • Turnerische Grundformen lernen und üben. • Sich helfen. • Sachgerecht und selbstständig mit Geräten umgehen. • Spiel- und Wettkampfformen erleben. • Sich fit halten an und mit Geräten.
Thüringen	Turnen in Geräte-landschaften	Der Schüler kann • Vielfalt an Rollbewegungen ausführen. • Aufgaben zum Stützen, Schwingen und Klettern ausführen. • auf festen und beweglichen Untergründen balancieren. • einfache Formen des Sicherns und Helfens beim Turnen in Gerätelandschaften einsetzen. • den Auf- und Abbau von Geräten organisieren. • sich mit Aufgaben identifizieren und sich anstrengen. • wichtige Organisations- und Sicherheits-aufgaben beachten.

Betrachtet man die einzelnen Lehrpläne genauer, finden sich zahlreiche Präzisierungen und Beispiele. Sie betreffen beim Lehrplan aus Baden-Württemberg z. B. das Bewegen am Boden, an Geräten und in der natürlichen Umgebung, welches sehr offen formuliert ist. Den Lehrkräften wird ein enormer Spielraum gelassen – sowohl fachlich-inhaltlich, wie auch didaktisch-methodisch.

Band 2 der Reihe **Sportstunde Grundschule** konzentriert sich auf das inhaltsbezogene Kompetenzfeld Baden-Württembergs „Bewegen am Boden, an Geräten und in der natürlichem Umgebung“ und beinhaltet damit sowohl die Kompetenzfelder „Bewegen an Geräten“, „Bewegen an und mit Geräten“ „Turnen“ und „Turnerische Übungen“. Folglich sind die Kompetenzbereiche der Lehrpläne aller Bundesländer außer Bayern im vorliegenden Band berücksichtigt. Betrachtet man allerdings die dortigen Formulierungen in Bezug auf grundlegende Kompetenzen zum Ende der Jahrgangsstufe 1–4, so findet man bereits für Klasse 1/2 folgende Zielsetzung „Bei Auf- und Abbauten, im Umgang mit Klein- und Großgeräten sowie bei verschiedenen Bewegungsaufgaben helfen sie sich gegenseitig und übernehmen dadurch Verantwortung" (Staatsinstitut für Schulqualität und Bildungsforschung München). Für Klasse 3–4 heißt es: „Die Schülerinnen und Schüler bewegen sich freudvoll und sicher in den *Sportlichen Handlungsfeldern (u. a. Turnen).* Sie bewältigen altersspezifische Bewegungsaufgaben, erkennen und beachten Schwierigkeiten und mögliche Gefahren (z. B. beim Turnen)". Damit wird das Turnen an und der Umgang mit Geräten im Lehrplan in Bayern ebenfalls explizit genannt.

Konkretisiert wird dann der Bereich des *Sich-Bewegens am Boden, an Großgeräten und in der natürlichen Umgebung* mit Blick auf das, was bspw. in Baden-Württemberg bis Ende von Klasse 2 bzw. Klasse 4 erreicht werden soll.

Klasse 2
- Die Schülerinnen und Schüler können sich in ihrer natürlichen Umgebung, in Bewegungslandschaften und in der Auseinandersetzung mit Großgeräten und Gerätekombinationen geschickt und sicher bewegen;
- innerhalb von Bewegungsgruppen wie Drehen/Rollen, Springen/Schweben/Überschlagen, Schwingen/Schaukeln, Balancieren/Klettern grundlegende Erfahrungen sammeln;
- mit Geräten und Materialien Bewegungslandschaften bauen und verändern.
- Die Schülerinnen und Schüler kennen die Geräte und können immer mehr Verantwortung beim Auf-, Um- und Abbau übernehmen

(MKJS, 2004, S. 114).

Klasse 4
- Die Schülerinnen und Schüler können Situationen des Rollens, Springens, Überschlagens, Schwingens, Felgens, Balancierens und Kletterns, auch in der natürlichen Umgebung, erkunden, erfassen, üben und gestalten;
- mit Geräten und Materialien Bewegungslandschaften bauen, gestalten, verändern und sich daran gewandt bewegen;
- die Geräte benennen, sie aufbauen, absichern und abbauen;
- sich gegenseitig helfen, wo dies möglich ist

(MKJS, 2004, S. 115).

Zu beachten sind hierbei die Formulierungen „die Kinder können mit Geräten und Materialien Bewegungslandschaften bauen und verändern“ sowie „die Schülerinnen und Schüler kennen die Geräte und können immer mehr Verantwortung beim Auf-, Um- und Abbau übernehmen“, die bereits in Klasse 1–2 zu finden sind. Folglich sollen die Kinder den Umgang mit den Geräten erlernen. Übertragen auf die Stunden bedeutet dies, dass die Kinder beim Auf- und Abbau der Geräte integriert werden und Gerätelandschaften bzw. Gerätestationen nicht von der Lehrkraft vorab aufgebaut werden sollen. Bis zum Ende von Klasse 4 sollen die Kinder „sich gegenseitig helfen, wo dies möglich ist“. Auch dieser Aspekt findet bereits früh Eingang in die Stunden.

Im Rahmen der Stundenentwürfe werden diese Aspekte explizit aufgegriffen und so umgesetzt, dass die Kinder Spaß dabei haben, aber auch Üben müssen, um die Stundenziele zu erreichen. Die Kinder sollen lernen, dass (sportliche) Leistungen erarbeitet werden müssen. Dies scheint in der heutigen Zeit nicht mehr selbstverständlich zu sein. Zu häufig werden Inhalte als „zu schwer“ oder „zu aufwändig“ deklariert und deshalb nicht in Erwägung gezogen. Dabei bezieht sich das „aufwändig“ auf Situationen, wie sie im allgemeinen Kinderturnen (nicht im Gerät- und Kunstturnen) unverzichtbar sind, etwa der gemeinsame Aufbau von Stationen mit den Kindern. Nicht selten sind dabei die Kinderzahlen mit 25 bis 30 Kindern in einer Übungsstunde vergleichbar. In der Folge finden Geräte immer weniger Eingang in den Sportunterricht der Grundschule. Genau an dieser Stelle setzt der vorliegende Band an, so dass den Kindern auch weiterhin die wichtigen Erfahrungen an und mit den Turngeräten ermöglicht werden können.

2 Didaktischer Ansatz

Im baden-württembergischen Bildungsplan findet sich eine Formulierung, die aus turnerischer Sicht beachtenswert ist: „Bewegungs-, Spiel- und Sportunterricht bietet den Kindern Gelegenheit, selbsttätig und im Dialog mit ihrer Umwelt die Bewegungspotentiale ihres Körpers kennen zu lernen und weiter zu entwickeln" (MKJS, 2004, S. 112).

Turnen wird häufig dahingehend falsch verstanden, dass versucht wird, das Prinzip des leistungsorientierten Vereinssports auf die Schule zu übertragen. Dies kann aus verschiedenen Gründen nicht funktionieren, allein, wenn die motorischen Voraussetzungen, aber auch die Motivation der Schülerinnen und Schüler mit denen der Kinder im Vereinssport verglichen werden. Nimmt man den Bildungsplan ernst, sollen die Kinder Gelegenheit bekommen, selbsttätig und im Dialog mit ihrer Umwelt die vorhandenen und zu entwickelnden Potentiale kennen zu lernen und weiter zu entwickeln. Bei der Wahl der Methoden ist auf einen Mix zu achten, der derartige Vorgaben berücksichtigt. Das Ziel ist dabei nicht zwingend ein zu erlernendes Element, sondern vielmehr die Erfahrung mit Bewegungsgruppen zu machen, die zu weiterem Üben (auch zu Hause, etwa Rollbewegungen auf dem Sofa und Räder im Garten/auf der Wiese) anspornen.

Im vorliegenden Buch kommen insbesondere vier didaktische Ansätze zum Tragen:

- Das Erfahrungskonzept von Laging mit vier bedeutungsreichen Bewegungsgruppen.
- Das Konzept des Gruppenturnens von Bruckmann, bei dem es um ein produktives Miteinander als Ergänzung zum individuellen Üben geht.
- Dem Körpererfahrungskonzept von Funke-Wienecke, bei dem differenzierte Erfahrungssituationen wichtig sind.
- Das Sportartenkonzept von Söll, dessen Ziel die Qualifikation für den außerschulischen Sport darstellt.

Im Folgenden werden diese Konzepte kurz umrissen, ohne den Anspruch der Vollständigkeit zu haben. Vielmehr soll das dem

Konzept zu Grunde liegende Grundverständnis klar werden, da in den einzelnen Stunden Bezug darauf genommen wird.

Das Erfahrungskonzept von Ralf Laging

Lagings (1991) Konzept beruht auf der Erfahrung, die als ein Ergebnis der Auseinandersetzung mit der Umwelt entsteht. Dabei geht es nicht um richtig oder falsch. Er fasst die Grundtätigkeiten und die raumorientierten Bewegungen in vier deutungsreiche Bewegungsgruppen zusammen:

- *Drehen und Rollen:* Erfahrungen mit Teil- und Ganzrotationen des Körpers um verschiedene Drehachsen sammeln.
- *Springen/Schweben und Überschlagen:* Erfahrungen des Sich-Lösens vom Boden/von Geräten um Hoch-Weit-Distanzen zu überwinden oder Drehungen fortzusetzen.
- *Schwingen und Schaukeln:* Erfahrungen, sich an Geräten hängend, sitzend und stützend zu bewegen und dabei eigene oder fremde Energie für das Erhalten, Vergrößern und Variieren des Schwungs zu nutzen.
- *Balancieren und Klettern:* Erfahrungen mit Gleichgewicht in der Bewegung mit unterschiedlichen Geräten und Materialien und Bewegungsrichtungen kennenzulernen und zu erproben.

Laging schlägt zur Umsetzung dieser Bewegungsgruppen vier methodische Stufen vor. Zu Beginn steht das „freie Erkunden", gefolgt von „Bewegungsabsichten", die eine Auseinandersetzung der Kinder mit den Geräten initiieren sollen. Die dritte Stufe bilden die „Lehrervorschläge", mit denen die Aufmerksamkeit der Kinder gelenkt werden soll, damit ihnen geholfen wird, die bisherigen Lösungen zu differenzieren und zu spezialisieren. Die Intention der vierten Stufe, das „erfinderische Gestalten" besteht darin, den Kindern die Breite der Erfahrungsmöglichkeiten des Turnens zu offerieren (vgl. Laging, 1991, S. 185).

Das Konzept des Gruppenturnens von Marita Bruckmann

Die Diskussion um die Übertragung des leistungsorientierten Vereinssports auf die Schule ist nicht neu. Im 1990 erstmals erschienenen Werk „Wir turnen miteinander" von Bruckmann wird u. a. die einseitige Vermittlung des (zu stark normorientierten) Turnens als Grund für den Verlust der Beliebtheit des Turnens in der Schule genannt. Bruckmann ging es nicht um ein Verdrängen des spezifischen Gerätturnens, sondern vielmehr um die Berücksichtigung aller Sinnrichungen (siehe auch mehrperspektivischer Unterricht nach Kurz) für das Sporttreiben durch kooperative Aufgabenstellungen. Dabei sind gemeinsames Auf- und Abbauen sowie gegenseitiges Helfen & Sichern, Beraten, Korrigieren, Ermutigen etc. ebenso zu berücksichtigen, wie das gemeinsame Bewegen mit Anderen, bei dem jeder Einzelne gebraucht wird. Wichtig sind die drei Aktionsformen: Anwenden, Experimentieren/Finden und Gestalten (vgl. Bruckmann, 1992).

Körpererfahrungskonzept von Jürgen Funke-Wieneke

Ausgangspunkt des didaktischen Konzepts von Funke-Wieneke (vgl. Funke, 1989; Funke, 1990; Funke-Wieneke, 1992) waren die häufig zu starren inhaltlichen Vorgaben und eine zu starke Lehrerzentrierung des Turnunterrichts. Körper- und Selbsterfahrung sollen über differenzierte Situationen geschaffen werden, was seiner Meinung nach nicht durch methodische Reihen gelingen kann. Den Kindern wird durch Eigenaktivität in einem demokratischen Unterricht ein Gegenpol zum außerschulischen Sport aufgezeigt, das Miteinander und das selbstständige Sich-Auseinandersetzen mit Bewegungsproblemen stehen bei Funke-Wieneke im Mittelpunkt. Seine Methodik greift die folgenden fünf Bausteine auf:

Ausarbeiten (Elaborieren)
- Lehrkraft gibt **Material oder Element** vor.
- Material wird nach eigenen Vorstellungen (der Kinder) eingesetzt, verwandelt, ...
- Elemente werden variiert und/oder mehrere Kunststücke miteinander verbunden/kombiniert.
- Variations-, Steigerungs- und Übertragungsmöglichkeiten für eine vorgegebene Bewegungsform werden gesucht.

Anpassen (Adaptieren)
- Lehrkraft gibt **Geräteaufbau und Absichtsbeschreibung** vor.
- Kinder sollen Bewegungsakte selbst herausfinden, die nötig sind, um eine Situation zu bewältigen *(„**wie** komme ich in den Stütz?“)*.
- Kinder passen sich durch Experimentieren an das Gerät oder die Umweltbedingungen an.
- Aufgabe der Lehrkraft: Zurückhaltung, keine Vorschriften, bei Bedarf Lernvorschläge geben.

Deuten
- Lehrkraft gibt **Gerät oder Gerätekombination** vor.

- Kinder lassen Gerät auf sich wirken.
- Kinder sollen persönliche Bewegungsbedeutungen des Geräts erkennen und versuchen diese umzusetzen *(„**wie** könnt ihr euch auf/mit der Matte bewegen?“).*
- Aufgabe der Lehrkraft: verbale Unterstützung der Kinder.

Bauen

- Lehrkraft schlägt **Bewegungsstruktur** (Schaukeln, Balancieren, Klettern, ...) vor.
- Kinder denken sich passende Gerätearrangements selbst aus und bauen diese selbstständig auf (Ausgangspunkt: Fantasie der Kinder).
- Aufgabe der Lehrkraft: Konstruktionsberatung.

Transformieren

- Lehrkraft gibt z. B. ein **Gedicht, Bild, Prosatext, Musikstück** ... vor.
- Kinder setzen z. B. Gedicht in Bewegung um.
  → Motorische Interpretation aus disziplinfremden Bereichen.

Das Sportartenkonzept von Wolfgang Söll

Das Sportartenkonzept von Wolfgang Söll (2000) verfolgt das Ziel, die Kinder durch den Schulsport für den außerschulischen Sport zu qualifizieren. Daher sollen vor allem die Sportarten vermittelt werden, die im Verein vorkommen. Innerhalb der Disziplinen werden die motorischen Fähigkeiten sowie die sportartspezifischen Fertigkeiten (im Turnen bspw. die Elemente) verbessert. Die Sportarten teilt er hierzu in die drei Bereiche Sport-Sportarten, Spiel-Sportarten (sportlich-spielerisch) und Kunst-Sportarten (sportlich-künstlerisch) ein. Deren Vermittlung soll sachgerecht und somit deduktiv erfolgen. Das Konzept wird daher häufig als ein rein deduktiver, fertigkeitsbezogener Ansatz betrachtet. In der Fachliteratur zum Turnen hat es insbesondere in den Lehrbüchern von Knirsch (Knirsch & Minnich, 2005; Knirsch, 2003; Knirsch, 2001) Eingang gefunden, der die wesentlichen Elemente im Turnen in vorbildlicher und bis heute nicht vergleichbarer Weise in methodischen Schritten aufgearbeitet hat.

Auf eine Bewertung der einzelnen Konzepte wird bewusst verzichtet. Dem „integrativen Ansatz“ der Doppelstunde Turnen (Lange & Bischoff, 2012) folgend wird für die Grundschule noch stärker für einen Mix der verschiedenen Ansätze plädiert, um nicht nur alle Schülerinnen und Schüler zu erreichen, sondern um den Zielen der unterschiedlichen Bildungspläne gerecht zu werden.

3 Planung der Stundenentwürfe

Bei der Planung der Stundenentwürfe stellte sich das Problem der Unterrichtszeit. Die für das Turnen bzw. für Geräteaufbauten notwendigen Doppelstunden weichen zunehmend im Sinne des täglichen Sportunterrichts Einzelstunden. Da dies jedoch von Schule zu Schule variiert, wurden sowohl Einzel- wie auch Doppelstunden berücksichtigt. Der primäre Teil eines Entwurfs bezieht sich auf Einzelstunden, die für Doppelstunden vorhandenen Erweiterungen sind entsprechend gekennzeichnet. Jeder Lehrkraft bleibt es überlassen, hier selbstständig zu entscheiden, wie mit diesen Empfehlungen umgegangen wird. Die vorgestellten (kompletten) Geräteaufbauten bleiben trotz dieser Überlegungen sehr aufwändig, so dass sich die Durchführung von Doppelstunden empfiehlt. Hilfreich sind Absprachen der Lehrkräfte zweier aufeinanderfolgender Unterrichtsstunden, so dass z. B. eine Klasse aufbaut und die andere Klasse den Abbau zu bewältigen hat.

Aufwärmen

Grundsätzlich gilt für jede Sportstunde, dass die Kinder sich ausgiebig und zielgerichtet erwärmen.
Das Aufwärmen wird traditionell in zwei Abschnitte untergliedert: Der erste Teil, das ca. 5- bis 10-minütige ***„Allgemeine Aufwärmen“***, kann sportartübergreifend bzw. sportartunabhängig durchgeführt werden. Hier geht es vor allem um die Einstimmung in die jeweilige Trainings- bzw. Unterrichtsstunde, um die Erwärmung der großen Muskelgruppen und um eine koordinative Schulung.

Mögliche Inhalte des allgemeinen Aufwärmens können u. a. sein

- Spiele: Laufspiele (Achtung: keine Fang- und Wettspiele, Stafetten), Koordinationsspiele
- Geräteparcours
- Einsatz von Kleingeräten
- Einlaufen, Hüpfen, Springen, ...
- Aerobic

An das allgemeine Aufwärmen anschließend folgt das ca. 10- bis 15-minütige ***„Spezielle Aufwärmen“***, das gezielt auf die jeweilige Sportart ausgerichtet wird, d. h. Aufwärmen unter Berücksichtigung von Dehn-, Kräftigungs- und Aktivierungsübungen der speziell benötigten Muskulatur. Es beinhaltet im Turnen darüber hinaus Spannungs- und Stabilisationsübungen. Dieser Teil bereitet konkret auf die spezifischen Anforderungen des jeweiligen Stundeninhalts vor.

Mögliche Inhalte in diesem speziellen Teil des Aufwärmens können u. a. sein

- Dehnung (bzw. Beweglichkeitstraining) und Kräftigung
- Mobilisation und Stabilisation (v. a. Rumpfmuskulatur)
- Spannungsübungen
- Vorbereitung auf die spezifischen Bewegungsabläufe
- Zirkeltraining
- Partnerübungen

Im Anschluss an das allgemeine und spezielle Aufwärmen folgt das sogenannte „Einturnen“ an den Geräten **(sportartspezifisch-koordinative Erwärmung)**.

Im vorliegenden Buch wird von dieser Form des Aufwärmens aus verschiedenen Gründen abgewichen.

Einerseits findet eine Abweichung bei den Laufspielen statt. Beobachtet man Grundschulkinder, so rennen diese in jeder Pause auf dem Schulhof herum und spielen Fangen, ohne sich vorher aufzuwärmen. Und das nicht nur im Sommer. Kommen die Kinder in die Halle, so rennen sie, wenn es nicht anders geregelt ist, von sich aus herum und müssen erst einmal gebremst werden, um überhaupt die Aufmerksamkeit der Lehrkraft zu erhalten. Diese Überlegung verleitet dazu, bereits zu Beginn des Aufwärmens mit einem Fangspiel zu starten, auch wenn die physiologischen Bedingungen noch nicht optimal sind, dies aber dem Naturell der Kinder entspricht. Dies gilt sowohl für die Grundschule als auch bedingt noch für die Klassen 5 und 6.

Andererseits sind Einzelstunden mit ca. 35 Minuten Bewegungszeit so knapp, dass für Dehnübungen bei gleichzeitigem Aufbau von Geräten, im Grunde genommen keine Zeit bleibt. Daher werden in den Stundenbildern die Dehnübungen nur für Doppelstunden vorgeschlagen.

Auch die oben genannte ideale Aufwärmzeit von 15–25 Minuten kann in der Schule in der Regel nur in Doppelstunden mit ca. 75 Minuten Bewegungszeit umgesetzt werden. Je intensiver (insbesondere im Sinne von Schnellkraft und Schnelligkeit) die folgende Belastung sein wird, desto länger und präziser sollte das Aufwärmen erfolgen.

Dehnen

Folgt man den jüngeren Erkenntnissen zum Dehnen, so gibt es ambivalente Aussagen zum Nutzen des Dehnens beim Aufwärmen im Sinne der Verletzungsprophylaxe. Kurzfristige Effekte zur Bewegungsreichweite, Reduktionen der Dehnungsspannung, Ruhespannung können bei einem Dehnen von ca. 3–5 Minuten, das ja realistischerweise angenommen werden kann, kaum erreicht werden. Diese sind für Dehnprogramme von 10–20 Minuten von Klee und Wiemann (2005) nachgewiesen. Von langfristigen Effekten, die das eigentliche Ziel im Sport sein sollten, kann nur bei mehrwöchigem intensivem Dehnen ausgegangen werden, das jedoch in separaten Einheiten und nicht beim Aufwärmen erfolgen sollte (vgl. Freiwald, 2010). Auch die Verletzungsprophylaxe, insbesondere der Muskelverletzungen, ist für 10- bis 20-minütige Dehnprogramme untersucht worden. Diese Effekte sowie die weiterhin gültigen Empfehlungen für Sportarten mit großer Bewegungsreichweite, zu denen Turnen zählt, gaben den Ausschlag, zu den einzelnen Stunden einige ausgewählte Dehnübungen bei Doppelstunden zu integrieren.

Für die Muskelgruppen, die gedehnt und aktiviert/gekräftigt werden müssen, finden Sie Übungen als PDF-Datei zum Download. Den Link hierzu finden Sie auf der Umschlagseite 3.

4 Helfen und Sichern

Fachlich-methodische Aspekte entscheiden darüber, ob Kinder inhaltlich weiter kommen und einen entsprechenden Lernerfolg haben. Das richtig eingesetzte Helfen und Sichern soll einen reibungslosen, sicheren, vertrauenserweckenden und angstfreien Turnunterricht ermöglichen. Dazu ist es einerseits notwendig, dass die Lehrkraft über die verschiedenen Möglichkeiten des Helfens und Sicherns bestens informiert ist. Andererseits kann eine Lehrkraft nicht immer allen Kindern einer Klasse selber helfen und ist auf die Mithilfe der Kinder angewiesen. Ein frühzeitiges Heranführen der Kinder an das Helfen und Sichern schafft nicht nur Vorteile für die Lehrkräfte. Auch soziale Aspekte wie ein vertrauensvolles Miteinander, sowohl als Turner, indem ich mich in die Hände meines Mitturners begebe, als auch als Hilfestellung, der das Vertrauen entgegengebracht wird und nur entgegengebracht werden kann, wenn ich mich vertrauensvoll verhalte. Beim gegenseitigen Helfen und Sichern spielt zudem die Verantwortung eine große Rolle. Habe ich als Lehrkraft Kinder, denen ich diese Verantwortung übertragen kann? Bereits früh in diesem Band wird damit begonnen, den Kindern Vertrauen zu übertragen, zunächst wenig, später mehr. Die Kinder der 1. und 2. Klasse werden, wie die Kinder im Allgemeinen Kinderturnen schon immer, an das Thema herangeführt, damit sie von Anfang an das gegenseitige Helfen und Sichern gewöhnt sind.

Grundsätzlich unterschieden werden nicht nur Helfen und Sichern, sondern auch die so genannte Bewegungsbegleitung:

- Helfen bezieht sich auf den aktiven, zielgerichteten Prozess der Unterstützung eines Bewegungsablaufs. Dies kann sowohl mit Materialien wie auch in Form einer Personenhilfe geschehen. Bei der Personenhilfe unterscheidet man die aktive körperliche sowie akustische oder taktile Hilfen.

- Als Bewegungsbegleitung bezeichnet wird, wenn die Hände der Hilfestellung den Bewegungsablauf am Körper des turnenden Kindes ohne aktive Unterstützung begleiten.

- Unter Sichern versteht man die abwartende Bereitschaft zur Unterstützung, wenn diese (aufgrund von Problemen) notwendig wird (vgl. Gerling, 1997, S. 20). Sichern umfasst, wie das Helfen, ebenfalls den Einsatz von Materialien.

Anhand des Beispiels Handstand soll diese Unterscheidung verdeutlich werden.

Tab. 2: Optionen des Helfen und Sicherns am Beispiel Handstand

	Person	Material
Helfen	Helfergriff am Oberschenkel, um das turnende Kind in den Handstand hoch zu heben.	Kasten, von dem aus in einer erhöhten Liegeposition in den Handstand geschwungen wird.
Bewegungs-begleitung	Hände der Hilfestellung bewegen sich beim Aufschwung in den Handstand neben dem Oberschenkel und greifen bei zu wenig Schwung in der Aufwärtsbewegung oder bei zu viel Schwung in der Senkrechten ein.	
Sichern	Die Hände der Hilfestellung erwarten das Kind in der Handstand-Endposition.	Einsatz einer (zusätzlichen) weichen Matte, falls das Kind in den Armen einknickt.

Grundsätzlich helfen die Kinder sich gegenseitig. Für die Bewegungsbegleitung und das Sichern ist eine langjährige Erfahrung, das Wissen um die Knotenpunkte einer Bewegung und um die potentiellen Gefahrenmomente notwendig, um rechtzeitig bei Problemen erfolgreich eingreifen zu können. Kinder sind dazu keinesfalls in der Lage.

Neben den Knotenpunkten des zu lernenden turnerischen Elements sind für die Helfer folgende Kenntnisse und Fähigkeiten entscheidend:

- Helfergriffe
- Zeitpunkt der Hilfe
- Wahl des Standorts
- Blickkontakt / Körperkontakt / Einzählen / Konzentration / Ablenkung
- Eigene Körperhaltung
- Kleidung, Haare, Schmuck und Kaugummi

(vgl. u. a. Gerling, 1997).

Helfergriffe

Um beim Turnen helfen zu können, setzen die Helfergriffe meist am Rumpf an. Ist dies nicht möglich, wie etwa beim Handstand (s. o.), setzen die Griffe rumpfnah an. Je weniger Gelenke zwischen Rumpf und Helfergriff liegen, desto leichter ist die Hilfestellung. Die Helfer achten unbedingt darauf, dass sie nicht auf ein Gelenk greifen sowie kein Gelenk zwischen ihren beiden Händen haben, etwa bei einer Hilfestellung an Ober- und Unterarm für die Sprunghocke. Dies birgt erhebliche Gefahren für das Gelenk (hier Ellbogengelenk) und ist daher zu unterlassen. Auch Griffe auf einem Gelenk sind nicht geeignet.

In der Literatur findet man noch immer Hinweise darauf, dass bei bestimmten Elementen die Hilfestellung am Gesäß unterstützend eingesetzt werden kann (etwa Hüftaufschwung oder Kippaufschwung). Dieser Ansatzpunkt für Helfergriffe ist nicht notwendig, sondern je nach Situation kann oberhalb (unterer Rücken) oder unterhalb (Oberschenkelrückseite) des Gesäßes gegriffen werden. Die Hilfe mag ein wenig schwerer sein oder auch mal nicht so gut gelingen, dennoch ist das Gesäß als Ansatzpunkt tabu. Dies gilt auch für Hilfen an der Brust bei Mädchen (wie beispielsweise beim Abbremsen des Hüftumschwungs zu beobachten). Dabei spielt es keine Rolle, ob die Mädchen dem zugestimmt haben oder nicht, die Brust ist auch bei Grundschulkindern tabu!

Klammergriff

Beim Klammergriff am Oberarm (oben) oder am Oberschenkel (unten) fassen die Hände so um das Bein oder den Arm, dass die Finger nach innen zeigen und die Daumen an der Außenseite liegen.

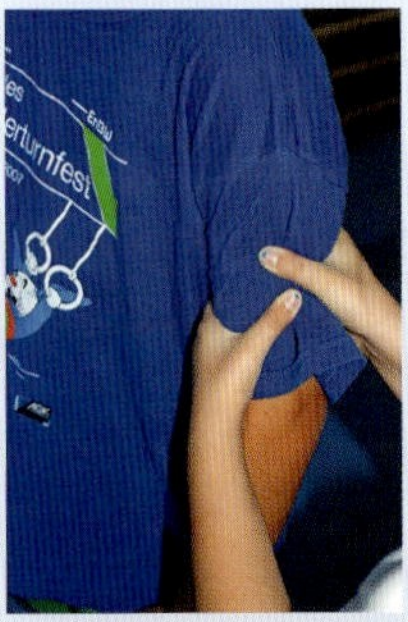

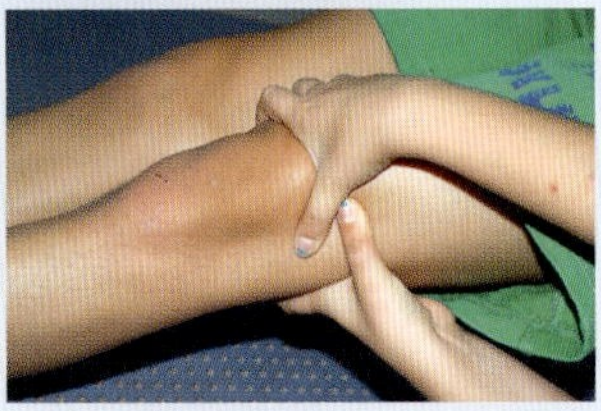

Dreh-Klammergriff

Beim Drehklammergriff (in der Regel am Oberarm) fassen die Hände so, dass die Daumen zueinander zeigen und die Hände bei der Griffaufnahme in die entgegengesetzte Richtung (in Bezug auf die Turnrichtung) verdreht sind. Somit können die Hände in der Bewegung mit dem turnenden Kind mitdrehen.

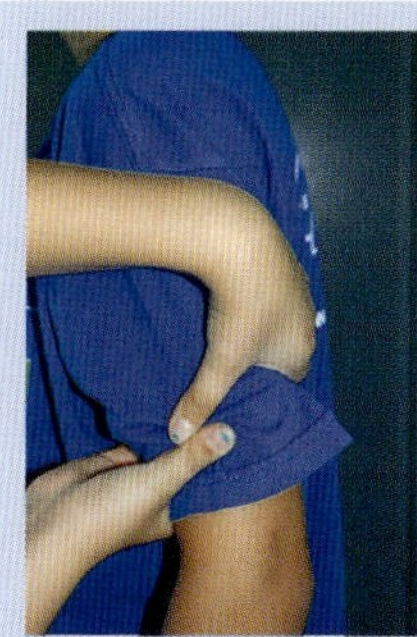

Drehklammergriff für Rotation vorwärts

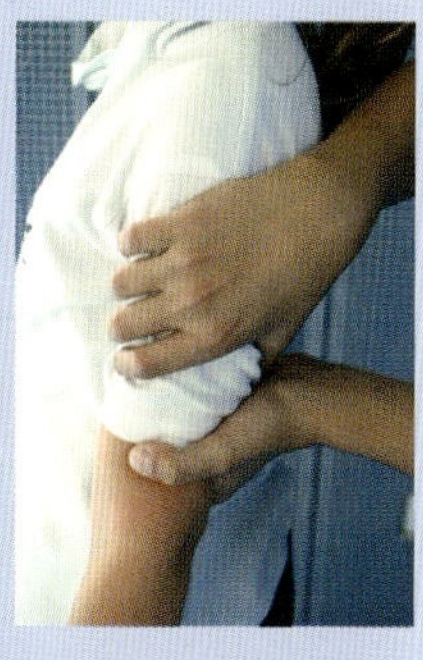

Drehklammergriff für Rotation rückwärts

Stützgriff

Beim Stützgriff wird das turnende Kind normalerweise mit einer Hand am Oberarm (Klammergriff) und mit der anderen Hand am Unterarm gefasst. Dieser Griff über das Gelenk sollte möglichst **vermieden** werden.

Besser: eine Hand stützt an der Schulter (um ein Abstürzen nach der Stützphase zu verhindern), die andere Hand umfasst den Oberarm von der Seite (um bei Bedarf das Kind über den Kasten zu ziehen).

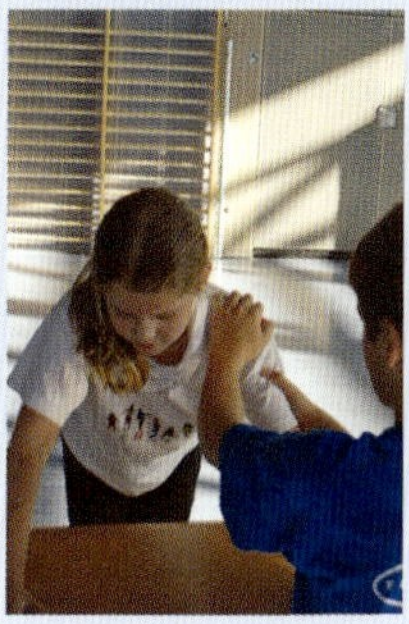

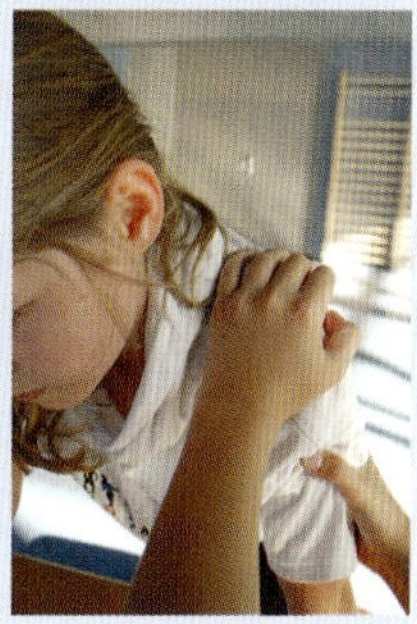

Tragegriff

Mit dem Tragegriff wird das turnende Kind unterstützt. So etwa beim Handstütz-Überschlag, bei dem die körpernahe Hand an der Schulter, die körperferne Hand am unteren Rücken die Flugphase unterstützt und das Kind dabei getragen wird (Beispiel Handstütz-Überschlag).

Zu beachten: die zum turnenden Kind nähere Hand (in der Abbildung die rechte Hand) greift in Außenrotation so an die Schulter, dass die Finger in etwa das Schlüsselbein berühren. Der Daumen wird in Richtung Schulterblatt gehalten.

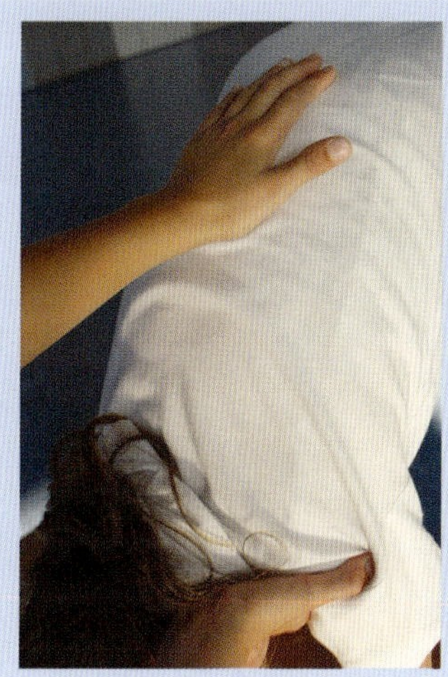

Drehhilfe

Bei einer Drehbewegung wird an den Beinen oder am Oberkörper die Drehbewegung unterstützt.

Am Beispiel des Salto vorwärts: Die in Bewegungsrichtung vordere Hand greift an das Schulterblatt, die hintere Hand an der Oberschenkelvorderseite.

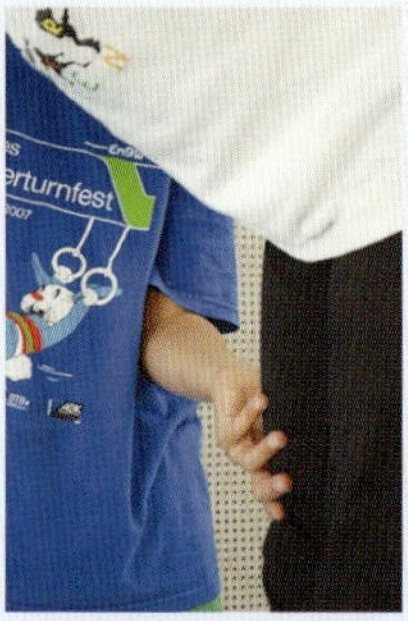

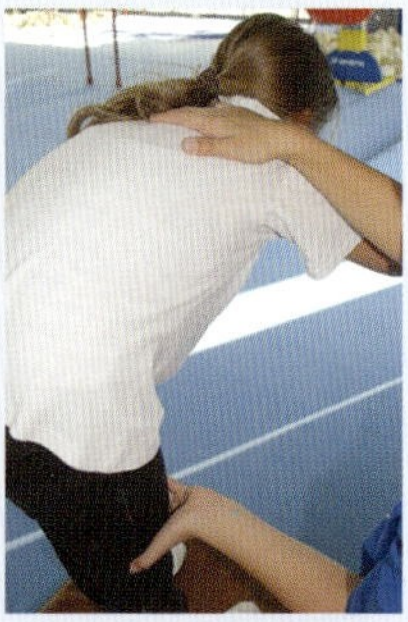

Schubhilfe

Bei der Schubhilfe wird das turnende Kind möglichst nahe des Beckens (manchmal auch nahe der Schulter) von unten (etwa an die Reckstange) geschoben. Die Helfer stehen nah an der Drehachse.

Am Beispiel des Hüftaufschwungs vorlings rückwärts: Das turnende Kind steht nahe (unter) der Reckstange, die Lehrkraft (oder die Helfer) mit wenig Abstand daneben. Die „hintere" Hand greift an den unteren Rücken, die „vordere" Hand greift an die Oberschenkelrückseite.

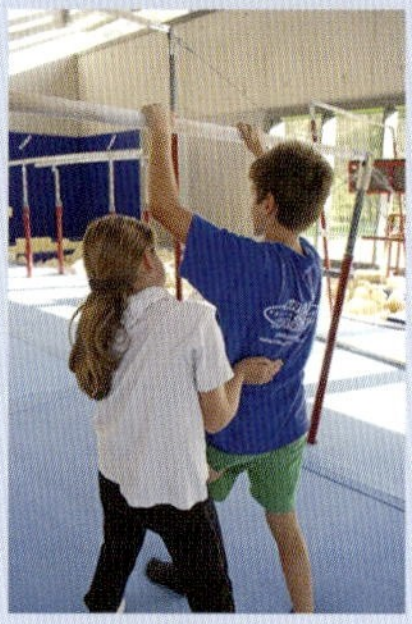

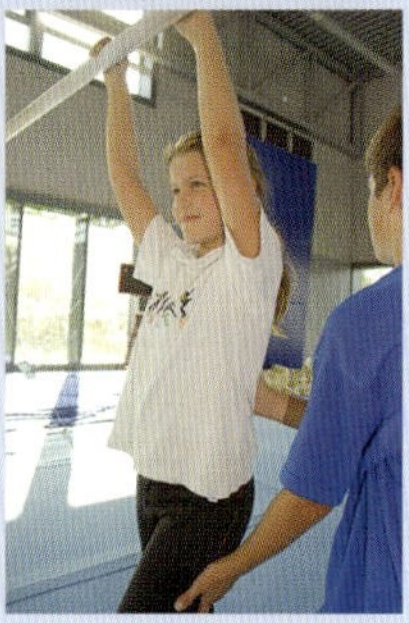

Zughilfe

Mittels Klammergriff wird das turnende Kind am Oberschenkel gefasst und durch Zug in die Endposition gebracht.

Am Beispiel der Felgrolle rückwärts:
Das turnende Kind rollt zurück und führt die gestreckten Beine über den Oberkörper. Die Lehrkraft fasst so früh wie möglich mittels Klammergriff am Oberschenkel zu und zieht das turnende Kind in den Handstand.

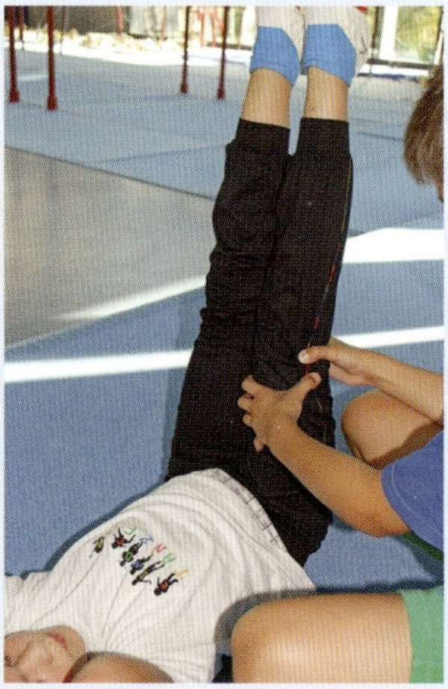

Zeitpunkt der Hilfe

In den meisten Fällen ist die Hilfe zum Zeitpunkt der Hauptaktion eines Elements notwendig. Dies bedeutet bei Kippbewegungen zum Zeitpunkt des Kippstoßes oder bei einem Sprung über den Kasten während der Stützphase. Es gibt jedoch gerade in der Grundschule zahlreiche Situationen, in denen gleich zu Beginn einer Bewegung geholfen wird, etwa bei einem Hüftaufschwung am Reck, bei dem die Helfer bereits in der Ruheposition greifen und den Schwung- und Druckbeinimpuls unterstützen. Schließlich gibt es Elemente, bei denen erst zum Ende der Bewegung gesichert oder geholfen werden muss, etwa die Standsicherung bei einer Landung. Eine weitere Ausnahme bildet die Situation, in der ein Kind Hilfe vom Beginn bis zum Ende des Elements benötigt, das Kind quasi „geturnt" wird.

Wahl des Standorts

Wohin stellt sich ein Helfer: vor oder hinter die Reckstange, neben das Kind bei der Rolle rückwärts, wohin bei einer Sprunghocke? Der Standort ergibt sich aus der geplanten Intervention – entscheidend ist, möglichst nah am Gerät und nah am Turnenden zu stehen, denn ein langer Lastarm (wenn man weiter weg steht) erfordert mehr Kraft beim Helfer.
Möchte die Lehrkraft bei einer Sprunghocke dem Kind über den Kasten in den sicheren Stand helfen, stellt sie sich hinter das Gerät auf die Landematte und nimmt das turnende Kind in Empfang. Hat das Kind dagegen Angst, gegen das Gerät zu springen oder benötigt Hilfe in der 1. Flugphase, ist die Position auf der Sprungbrettseite zu wählen. Bei einer Rolle rückwärts gilt es dagegen zu beachten, dass das Kind zunächst einen Raumweg zurück legt, bevor ggf. die Hilfe am Oberschenkel erfolgen kann. Der Standort ist folglich ein Stück hinter dem Kind zu wählen. So auch bei allen Bewegungen, bei denen ein Anlauf erfolgt. Beim Hüftaufschwung (vorlings rückwärts) benötigt man am meisten Kraft, um das Kind auf die Stange zu heben, daher ist der Standpunkt vor der Stange. Ähnlich beim Hüftumschwung (vorlings rückwärts). Auch hier ist vor der Stange von Vorteil, falls das Kind den Kontakt mit der Stange verliert und wieder angehoben werden muss.

Blickkontakt / Körperkontakt / Einzählen / Konzentration / Ablenkung

Wenn sich ein Kind auf seine Hilfestellung verlassen soll, benötigt es deren volle Konzentration. Mittels Blick- oder Körperkontakt oder

Einzählen wird der Übungsbeginn festgelegt. Wurde seitens der Lehrkraft einmal Blickkontakt (beim Anlauf) oder Körperkontakt (bei Rückwärtsbewegungen) aufgenommen, darf sie nichts mehr ablenken. Der Blick- oder Körperkontakt symbolisiert „ich bin bereit, du kannst loslegen". Dabei ist die komplette Aufmerksamkeit auf das turnende Kind zu richten. Spricht die Lehrkraft dagegen noch mit einer anderen Person, ist für das turnende Kind nicht klar, ob sie wirklich bereit ist. Vertrauen bedeutet Aufmerksamkeit, auch von Erwachsenen gegenüber Kindern. Leider sind Erwachsene gerne der Meinung, ihre Multitasking-Fähigkeit sei genügend ausgeprägt, als dass sie neben der Hilfestellung noch Anweisungen an andere Kinder geben oder mit einer zweiten Hilfestellung sprechen können. Mitnichten!

Eigene Körperhaltung

Rückenschule ist normalerweise ein Thema im Fitness- und Gesundheitssport. Doch gerade bei der Hilfestellung gilt es darauf zu achten, welche Körperhaltung die Lehrkraft einnimmt. Dies dient neben der Prävention von Rückenschmerzen auch der Funktionalität. Niemand hat aus dem Rücken hebend mehr Kraft als aus den Beinen hebend. Bei der Standortwahl ist auch darauf zu achten, wie man sich an dieser Stelle positioniert. Es gilt Dreh-Scherbewegungen ebenso wie das Heben aus dem Rücken zu vermeiden. Daher möglichst nahe am turnenden Kind und möglichst nahe am Ort der Hauptaktion stehen, dabei aus den Oberschenkeln (Kniebeuge) heben.

Kleidung, Haare, Schmuck und Kaugummi

Schmuck und Kaugummi haben in einer Turnhalle nichts verloren. Weder Kettchen, Armbänder, Uhren, Ringe noch Ohrringe oder Ohrstecker sind erlaubt. Piercings (auch am Bauchnabel) gehören ebenfalls zu den gefährlichen Schmuckstücken (z. B. beim Hüftauf- oder Umschwung am Reck), die – sofern möglich – entfernt oder abgeklebt werden müssen. Dies gilt nicht nur für die turnenden Kinder, sondern ausnahmslos auch für die Lehrkraft.
Lange Haare werden im Sport grundsätzlich zusammengebunden, beim Turnen ist dies aufgrund von Überkopf-Positionen und schnell eingreifender Hilfestellung besonders wichtig.
In der Schule kann den Kindern keine turnspezifische Bekleidung vorgeschrieben werden. Dies ist auch nicht nötig. Es ist ausreichend, wenn die Kleidung eher eng anliegt und vor allem nicht aus

glattem Stoff besteht. Glatter Stoff und weite Kleidungsteile sind für feste Griffe bei der Hilfestellung problematisch.
Turnschuhe sind für das Turnen an Geräten zu schwer. Daher sind Turnschläppchen die beste Wahl, alternativ sind Stoppersocken (Socken mit Gumminoppen) möglich. Viele Turnerinnen und Turner turnen barfuß. Aus hygienischen Gründen (und ggf. aufgrund von kalten Hallenböden) kann dies nicht empfohlen werden. Das Turnen in normalen Socken ist möglich, solange keine Anläufe und Sprünge geturnt werden. Dann sind Socken zu rutschig und sollten gegen Stoppersocken ausgetauscht werden.
Ausführlicher ist das Thema bei Gerling (1997) erläutert, die dem Helfen & Sichern ein ganzes Buch gewidmet hat.

Berührungen durch Helfergriffe

Im Turnunterricht ist es unumgänglich, dass die Kinder gegenseitigem Körperkontakt sowie Hilfestellung durch die Lehrkraft ausgesetzt sind, es also zu gegenseitigen Berührungen kommt. Sei es bei der Hilfestellung, beim aufmunterten Klaps auf die Schulter oder gar beim Trösten. Unter Berührung wird jeder unmittelbare Körperkontakt zwischen Lehrkraft und Kindern bzw. den Kindern untereinander verstanden. Dabei kommt es zu Berührungen an unterschiedlichen Körperstellen und können von Kind zu Kind (aber auch von Lehrkraft zu Lehrkraft) unterschiedlich wahrgenommen werden. Die Palette der Wahrnehmung reicht dabei von angenehm bis unangenehm, von helfend bis destruktiv, erniedrigend oder sogar bedrohlich. Die Intention der berührenden Person und die Empfindungen der berührten Person können dabei weit auseinander liegen, da sämtliche Berührungen interpretiert werden können (vgl. Bastian & Eikenbusch, 2010; Deutsche Sportjugend, 2010; Wiesche, 2013). Wer kennt schon den genauen Kontext des Berührten und der daraus folgenden Schlussfolgerungen – dessen muss sich jede Lehrkraft bewusst sein.

Einer Studie von Weigelt zu Folge spielt in der Grundschule die potentiell sexuelle Konnotation von Berührungen noch keine Rolle (vgl. Weigelt, 2010). Sollte es im Verlauf einer Trainingseinheit versehentlich doch einmal zu einer unbeabsichtigten Berührung an Brust, Gesäß oder einer sonstigen intimen Zone gekommen sein, sollte bei Minderjährigen immer der Kontakt zu den Eltern gesucht werden, um ihnen, ohne Beisein des Kindes, den Vorgang kurz zu erläutern. Damit lassen sich Probleme vermeiden, die ggf. durch Beobachtung Dritter, Gespräche zwischen den Kindern oder Eltern und Kind entstehen können.

5 Turngeräte: Aufbau, Handhabung und Ausführungen

Die Verwendung von Turngeräten ist für diejenigen, die nicht täglich damit zu tun haben, in der Regel kompliziert. Sowohl die gängigen Bezeichnungen der verwendeten Turngeräte als auch deren Handhabung sind für das Verständnis unumgänglich. Manche Geräte, wie der Barren, können bei unsachgemäßer Nutzung Verletzungen zur Folge haben. Die wichtigsten in diesem Band verwendeten Turngeräte werden daher kurz vorgestellt.

Die entsprechenden Darstellungen finden sich als PDF-Datei zum Download. Den Link hierzu finden Sie auf der Umschlagseite 3.

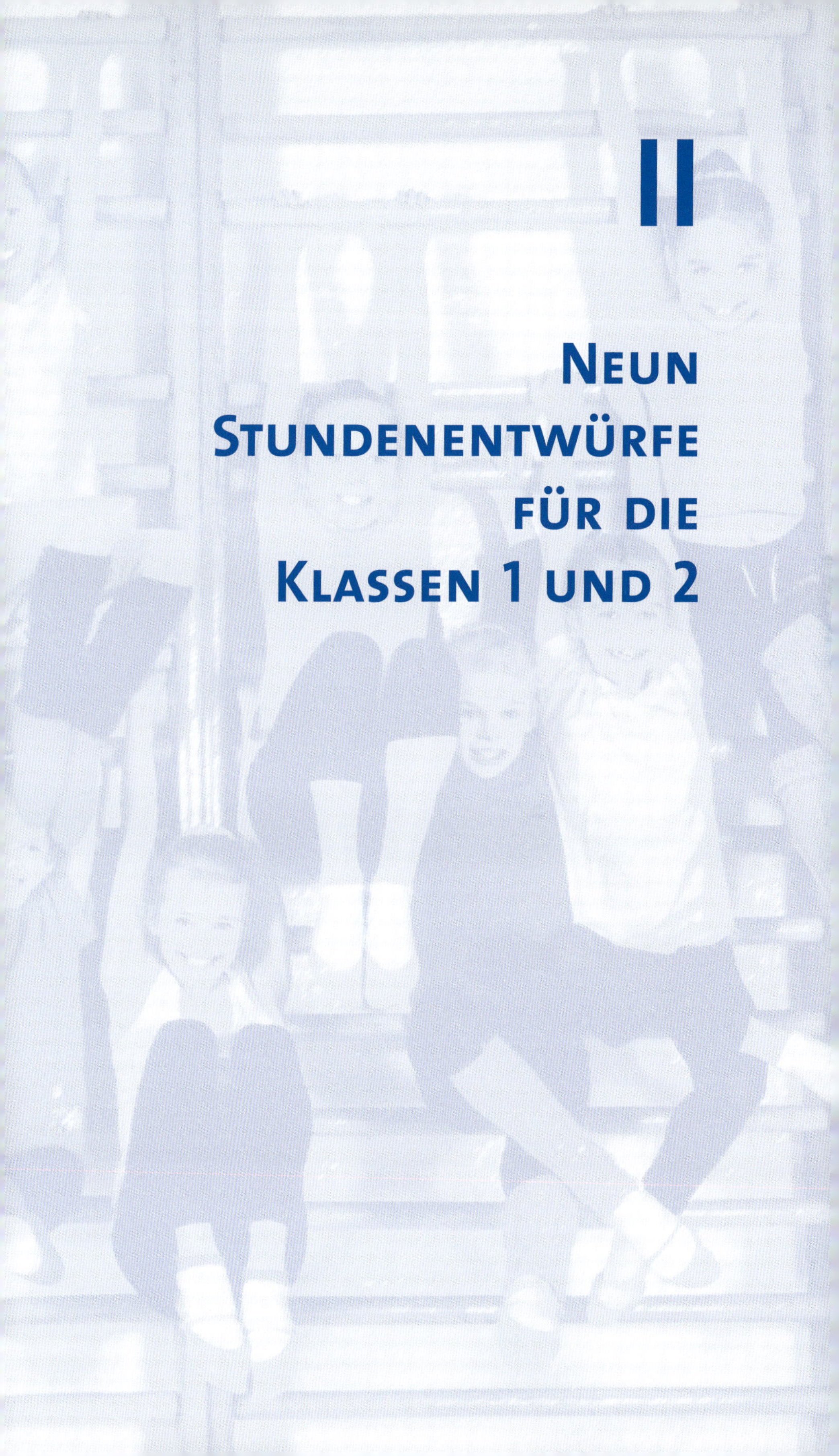

II

Neun Stundenentwürfe für die Klassen 1 und 2

1 Rollbewegungen

Beim Blick auf die in Kapitel 1 genannten Bildungspläne finden sich explizite oder implizite Forderungen, dass die Kinder in den Grundschulen innerhalb von Bewegungsgruppen wie Rollen grundlegende Erfahrungen sammeln sollen. Bekannt sind den Kindern aus dem Kindergarten oft bereits Rollbewegungen vorwärts, mit denen der Einstieg in die Turnstunden erfolgt. Im Laufe der Stunde wird mit einer vereinfachten Form der Rückwärtsrolle eine Weiterentwicklung der Rollfähigkeiten angestrebt, so dass die Kinder von der (überwiegend bekannten) Vorwärtsrolle zur eher neuen Rückwärtsrolle geführt werden.

Die Stunde Rollbewegungen folgt dem Ansatz Drehen und Rollen von Laging (1991). Sie beinhaltet Teil- und Ganzrotationen um feste, annähernd feste und momentane Drehachsen. Bei der Unterstützung des Auf- und Abbaus der Stationen machen die Kinder erste Erfahrungen mit der Gerätehandhabung. Dennoch wird die Lehrkraft den überwiegenden Anteil des Aufbaus durchführen. Durch das paarweise blinde Balancieren im Balancier-Parcours sammeln die Kinder soziale Erfahrungen im Umgang mit ihren Mitschülern.

Im vorbereitenden Teil wird das im Kindergarten (hoffentlich) durchgeführte Rollen aufgegriffen und in einem Fangspiel als Möglichkeit zur Befreiung angeboten. Kinder, die nicht so gut rollen können, sollen dies über seitwärts rollen oder wälzen kompensieren. Beim folgenden Ringkampf werden erste Erfahrungen mit Körperspannung gemacht, die Lehrerinnen und Lehrer achten dabei auf eine passende Einteilung der Kinder (Gewicht/Größe). Das Baumstammrollen bringt die Kinder als Gemeinschaft zusammen.
Vier Kinder können ein weiteres Kind nur dann vorwärts rollen, wenn sie sich gleichmäßig und aufeinander abgestimmt bewegen. Dies wird sicherlich nicht bei den ersten Versuchen klappen, daher bietet es sich an, den Kindern hier Zeit zum Ausprobieren zu geben.

Im Hauptteil wird besonderer Wert auf verschiedene Rollbewegungen gelegt. Die Rollbewegungen können in einem Stationenbetrieb sehr einfach umgesetzt werden. Damit die Kinder beim Aufbau helfen können, ist es von Vorteil die eigenen Vorstellungen an die Tafel zu malen oder altersgerechte Stationskärtchen auszuteilen.

Bei der Vorwärtsrolle gilt es darauf zu achten, dass die Kinder schnell über die Senkrechte rollen und anschließend die Hände nach vorne nehmen. Dadurch werden die Kinder vorbereitet, ohne Zuhilfenahme der Hände aufzustehen. Bei den schnelleren Rollen weist die Lehrkraft nochmals darauf hin, dass die Kinder das Kinn zur Brust nehmen sollen, um gut abrollen zu können. Dies ist auch für die Rolle rückwärts eine wichtige Voraussetzung. Die Lehrkraft achtet darauf, dass die Kinder nicht die Stirn aufsetzen, um abzurollen, sondern vielmehr den Scheitel oder Hinterkopf.

Neben der Seitwärtsrolle im vorbereitenden Teil und der Vorwärtsrolle werden erste Erfahrungen mit dem Rollen rückwärts gemacht. Da eine Rückwärtsrolle sehr schwer auszuführen ist, brauchen Kinder eine Unterstützung und Entlastung für den Nacken. Der entsprechende Aufbau ermöglicht es den Kindern, die Rückwärtsrolle zunächst unter vereinfachten Bedingungen zu üben. Sofern die Klasse in der Lage ist, kann die Endform der Rückwärtsrolle in den Ausklang integriert werden – im Stundenentwurf ist dies nicht explizit vorgesehen.

Mit der Judo-Rolle bzw. der Schulter-Rolle wird den Kindern eine weitere Rollmöglichkeit gezeigt. Hier ist weniger der turnerische Gedanke im Vordergrund, vielmehr das Abrollen auf härteren Untergründen etwa bei Stürzen auf dem Schulhof oder bei Le Parkour (Klasse 3–4, Stunde 7). Den Gerätturnern sträuben sich an dieser Stelle die Nackenhaare, da die Schulterrolle oft als Fehlerbild zu einer gerätturnerischen Vorwärtsrolle genannt wird. Im Stundenbild wird bewusst auf die verschiedenen Rollmöglichkeiten eingegangen, die die Kinder zunächst alle kennenlernen sollen, bevor dann gerätturnspezifisch präzisiert wird.

Damit die Kinder den Nacken nicht zu sehr beanspruchen, kann im Hauptteil der Doppelstunde parallel zu den Stationen der Rollbewegungen ein Balancier-Parcours aufgebaut werden. Die gewählten Stationen benötigen mehr Ruhe und obwohl Koordination normalerweise zu Beginn einer Stunde trainiert wird, sind die Aufgaben als „Erholungsaufgaben" zwischen den Rollstationen vorgesehen. Somit können die Kinder zwischen Rollen und Balancieren wechseln. Idealerweise turnen alle Kinder an allen Stationen. Es sind bewusst mehr Stationen genannt, als in einer Doppelstunde durchführbar bzw. mit Erstklässlern aufbaubar sind. Dadurch ergibt sich für die Lehrkraft die Möglichkeit, selbstständig für die jeweiligen Kinder geeignete Stationen auszuwählen. Dies gilt nicht nur für den Balancierparcours, sondern auch für die Rollstationen. Somit besteht auch die Möglichkeit, die Doppelstunde auf zwei Doppelstunden auszuweiten.

Der Stundenausklang greift die Rollbewegungen an zwei Stationen nochmals auf. Synchron, also abgestimmt mit einem Partner, sollen immer zwei Kinder anlaufen und die entsprechende Rolle zeitgleich mit dem Partner turnen.

Benötigte Materialien

- 4 Weichbodenmatten oder andere Matten
- 2 Kastenoberteile
- 4 kleine Kästen
- 4 Turnbänke
- 1 Sprossenwand
- 1 Übungs-Schwebebalken
- Ca. 16 Tennisbälle
- 4–6 Medizinbälle
- 12–16 (blaue) Turnmatten
- 6–8 Hütchen (Pylone)
- 3–4 Gymnastikbälle (Sitzbälle, Pezzibälle)
- 2 Reckstangen

Stundenverlauf Stunde 1: *Rollbewegungen*

Stundenabschnitte und Unterrichtsinhalte	Organisatorische Hinweise

Aufwärmphase

Purzelbaum-Fange

Zu Beginn werden an allen 4 Ecken der Halle (Weichboden)Matten verteilt (vgl. Abb. 1). Je nach Anzahl der Kinder werden 2–3 Fänger bestimmt. Die Fänger fangen die anderen Kinder durch einfaches Abschlagen. Die gefangenen Kinder können sich dadurch befreien, dass sie auf einer Matte einen Purzelbaum schlagen. Können die Kinder noch keinen Purzelbaum, können sie seitlich über die Matte rollen/wälzen. Nach kurzer Zeit werden die Fänger getauscht.

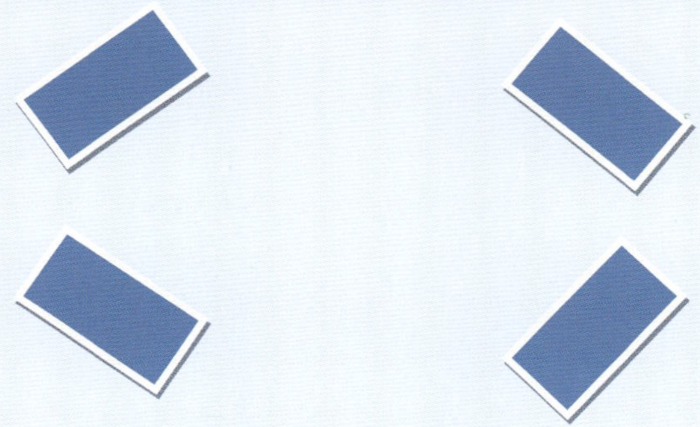

Abb. 1: Mattenverteilung Purzelbaum-Fange

Material: 4 (blaue) Turnmatten.

Ringkampf

Die Kinder werden paarweise aufgeteilt. Jedes Paar nimmt sich eine (blaue) Turnmatte oder eine Gymnastikmatte (kann im Sommer auch ohne Matten durchgeführt werden). Ein Kind liegt auf dem Bauch, das andere Kind versucht, das auf dem Bauch liegende Kind vollständig umzudrehen und auf den Rücken zu rollen. Das auf dem Bauch liegende Kind versucht dies zu verhindern.

Baumstammrollen – nur für die Doppelstunde

Vier Kinder liegen mit dem Rücken auf dem Boden parallel zueinander, das fünfte Kind liegt mit dem Bauch quer auf den vier Kindern und muss von den Vieren wie ein Baumstamm durch Rollen bewegt werden. Die vier Kinder müssen dabei gleichzeitig rollen. Sie können den Abstand untereinander (enger, weiter) variieren und ausprobieren, welcher Abstand für das Rollen am besten ist.

Dehnübungen

Dehnübung 1: Oberschenkelrückseite/rückwärtige Beinschlinge

Dehnübung 5: Gesäßmuskulatur

Kräftigung/Rumpfstabilisation

Kräftigungsübung 3: Liegestützposition

Stundenabschnitte und Unterrichtsinhalte	Organisatorische Hinweise

Übungsphase

Aufbau

Station 1: „Mattenrollen“ (vgl. Abb. 2)

An dieser Station wird eine Weichbodenmatte auf den Boden gelegt. Die Kinder bekommen hier die Aufgabe, wie beim Purzelbaum-Fange zu Beginn, mit ein paar Schritten Anlauf eine Rolle/einen Purzelbaum über die Matte machen.

Hinweis Um vom Purzelbaum zur Rolle vorwärts zu kommen, sollen die Kinder schneller über die Senkrechte rollen und die Hände anschließend nach vorne nehmen. Wer es schafft, soll ohne Hände aufstehen.

Material: 1 Weichbodenmatte

Station 2: „Judorollen“

Für diese Station wird eine weitere Weichbodenmatte benötigt, auf der die Kinder Rollen über die Schulter/Judorollen machen sollen.

1

Material:
1 Weichbodenmatte

Video: Judorolle

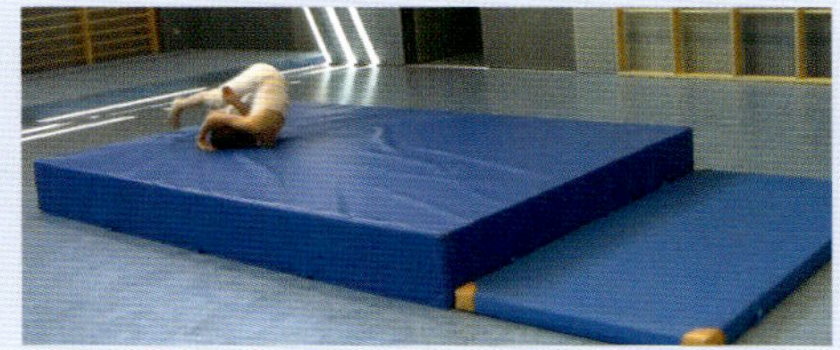

Abb. 2: Station 1 Mattenrollen

Station 3: „Igelrolle“ (vgl. Abb. 3 und 4) – nur für die Doppelstunde

Zwei Kastenoberteile werden mit einem kleinen Spalt dazwischen auf je einen kleinen Kasten gestellt.
Die Kinder sollen sich rückwärts nach unten rollen lassen, den Kopf im Spalt, die Schulter auf den Kastenoberteilen.
Darauf achten, dass die Kinder keine seitlichen Ausweichbewegungen machen.

2

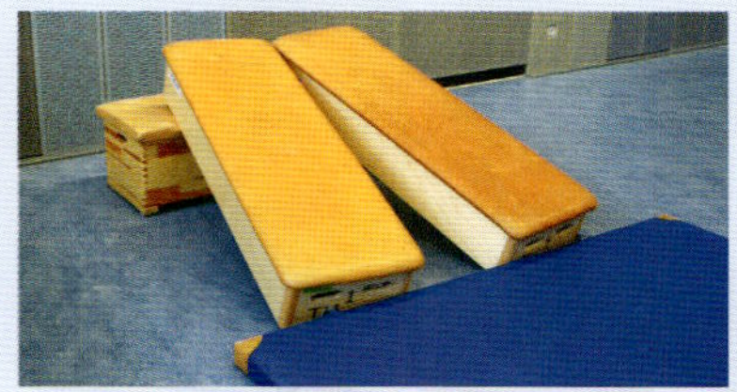

Abb. 3: Station 3 Igelrolle

Material:
2 Kleinkasten,
2 Kastenoberteile,
1–2 (blaue)Turnmatten

Video: Igelrolle

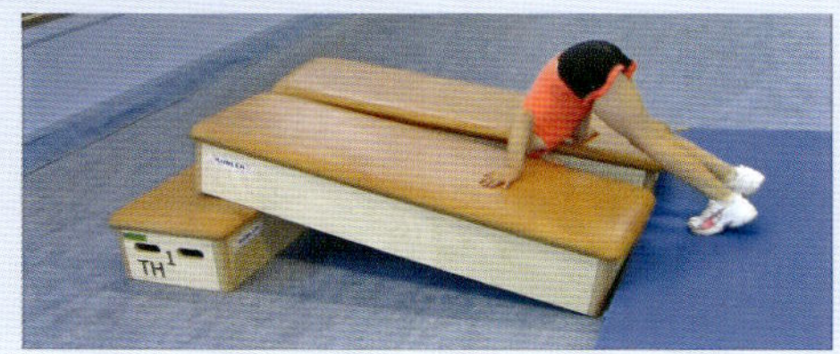

Abb. 4: Igelrolle

Stundenabschnitte und Unterrichtsinhalte	Organisatorische Hinweise
Station 4: „Große Rollprüfung" (vgl. Abb. 5) – nur für die Doppelstunde An dieser Station werden drei Turnbänke in eine Sprossenwand (eher unten) gehängt und mit (blauen) Turnmatten bedeckt. Die Kinder können auf der schiefen Ebene alle Bewegungen unter erschwerten Bedingungen ausführen und dabei lernen, mit der Schwerkraft umzugehen. An dieser Station können die Kinder seitlich, vorwärts und rückwärts rollen.	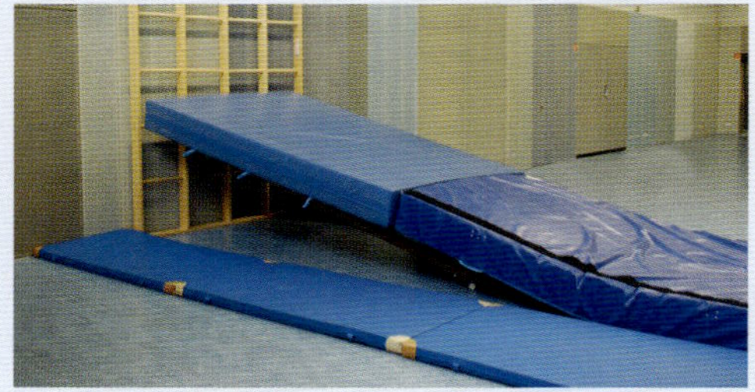 Abb. 5: Station 4 „Große Rollprüfung" **Material:** 2 Weichbodenmatte, 3 Turnbänke, 8 (blaue)Turnmatten, 1 Sprossenwand. **Hinweis:** Station 4 muss sich jedes Kind „verdienen". Durch Einhalten von ausgemachten Regeln und Begeisterung an den anderen Stationen soll die Lehrkraft im Lauf der Stunde „davon überzeugt werden", dass die Kinder reif für eine solch schwere Prüfung sind. Die Lehrkraft „erlaubt" nach und nach denjenigen Kinder, „die sich die Station verdient haben" die Station mit zu benutzen.
Balancier-Parcours	
Die Kinder verteilen sich in den „Rollpausen" selbstständig an den verschiedenen Stationen, bekommen jedoch die Aufgabe, im Laufe der Stunde an jeder Station balanciert zu haben. Ggf. können Laufkarten verwendet werden. ***Balancierstation Bank*** Die Kinder balancieren über eine umgedrehte Turnbank (vorwärts, rückwärts, seitwärts; mit geöffneten/geschlossenen Augen). ***Balancierstation Übungsbalken – nur für die Doppelstunde*** Die Kinder balancieren über einen Übungsschwebebalken (vorwärts, rückwärts, seitwärts; mit geöffneten/geschlossenen Augen).	Zwischen den Stationen sollen die Kinder an einem Balancier-Parcours üben, um die Belastung im Nacken innerhalb der Stunde zu reduzieren. **Material:** 1 Turnbank, 1 Übungsschwebebalken (oder weitere Turnbank), 16 Tennisbälle, 4 Sitzbälle, 4–6 Medizinbälle, 6–8 Hütchen, 2 Kleinkasten, 2 Reckstangen.

Stundenabschnitte und Unterrichtsinhalte	Organisatorische Hinweise
Balancierstation Tennisbälle Jeweils ein Kind versucht, auf 4 Tennisbällen zu stehen (zwei Tennisbälle je Fuß, vgl. Abb. 6). ***Balancierstation „Medizinbälle“ – nur für die Doppelstunde*** Jeweils ein Kind versucht, auf einem Medizinball zu balancieren. ***Station „Hütchen“ – nur für die Doppelstunde*** Die Kinder balancieren blind um einen Hütchen-Slalom. Alternativ können die Kinder blind über die Hütchen steigen (ggf. mit Partner-Hilfe). ***Station „Flieger“ – nur für die Doppelstunde*** Jeweils ein Kind legt sich bäuchlings auf einen Sitzball (Gymnastikball). Zunächst werden die Hände vom Boden gelöst, dann die Beine und zum Schluss Hände und Beine (Flieger). ***Station „Eisenbahnbrücke“ – nur für die Doppelstunde*** Zwei Reckstangen werden auf zwei kleine Kästen gelegt. Die Kinder sollen über die Reckstangen balancieren.	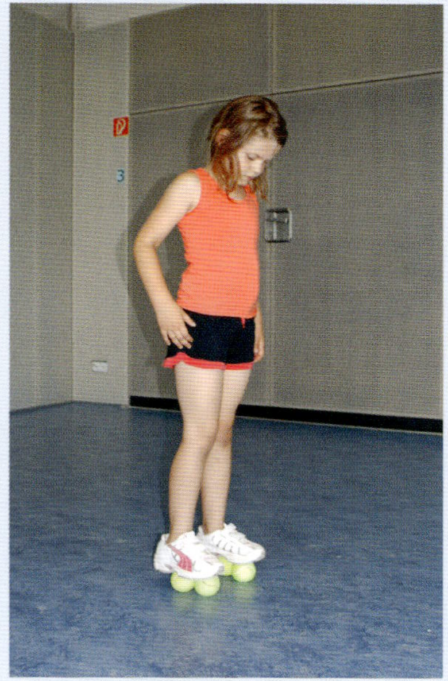 Abb. 6: Balancieren auf Tennisbällen
Stundenausklang	
Zum Stundenausklang soll das Geübte synchron geturnt werden. An Station 1 „Mattenrollen“ stellt sich die gesamte Gruppe hintereinander in Paaren auf. Immer ein Paar läuft gemeinsam an und turnt eine Rolle/einen Purzelbaum über die Matte. Von da rennt das Paar weiter zu Station 2 „Judorolle“ und turnt zeitgleich (parallel) eine Judorolle.	
Anschließend gemeinsamer Abbau	

2 Rollen und Springen

Mit der Stunde „Olympische Winterspiele“ wird das Rollen aus Stunde 1 aufgegriffen und um das Thema Springen erweitert.
Die Bildungspläne empfehlen hierfür, dass die Kinder sowohl in die Weite, in die Höhe als auch über Hindernisse springen sollen. Thematisch wurde mit den Olympischen Winterspielen ein Aufhänger gefunden, der einen Wettbewerbscharakter impliziert.
In der Tat kommen Wettbewerbe in der Stunde vor, aber auch ein „Trainingslager“ (die Athleten müssen „vor dem nächsten Wettkampf“ nochmals trainieren). Das „Skispringen“ ist nicht explizit als Wettbewerb deklariert, könnte aber ebenso als solcher durchgeführt werden.

Der didaktische Ansatz orientiert sich wie bereits die Stunde zuvor an zwei der vier von Laging (1991) vorgeschlagenen Bewegungsgruppen: Einerseits an der Bewegungsgruppe Springen, Schweben und Überschlagen, bei der die Kinder Erfahrungen des Sich-Lösens (und des Losbleibens) vom Boden und von Geräten und somit die Erfahrungen zur Überwindung der Hoch-Weit-Distanzen sammeln können; andererseits findet eine erneute Orientierung an der Bewegungsgruppe Drehen und Rollen statt. Mit einem vielfältigen Bewegungsangebot, das Wettbewerbsanreize einstreut, sollen die Kinder körperlich herausgefordert werden. Bei der Mitarbeit beim Auf- und Abbau der Stationen übernehmen die Kinder Verantwortung und lernen den Umgang mit den Geräten kennen.

Bereits im vorbereitenden Teil wird das Rollen aus der vorangegangenen Stunde wieder aufgegriffen, in dem die Kinder zum Befreien bzw. nachdem sie gefangen wurden, eine Rolle turnen müssen.
Im Hauptteil der Stunde steht das Springen im Vordergrund, wobei zumindest beim „Skispringen“ eine Rolle nach der Landung sowie in der Erweiterung für Doppelstunden das Rollen integriert ist.
Mit dem „Skispringen“ wird das Abspringen zu einem festen Zeitpunkt angesprochen, das „Trainingslager 1“ greift Sprünge in die Weite auf, kann aber auch technisch variiert werden, indem verschiedene Sprungtypen durchgeführt werden müssen. An der Station „Wedeln“ ist ein koordinativer Anteil integriert und beim „Medaillen-Schnappen“ springen die Kinder in die Höhe. Die Station

„Startsprung“ der Erweiterungsstunde greift den Hoch-Weitsprung auf, eine Station, die vom Erlebnis her spannend ist, da sich die Kinder länger in der Luft befinden. Das zweite „Trainingslager“ greift mit der Präzision wieder koordinative Aspekte auf. Wie in Stunde 1 bietet es sich an, die Stationen entweder an die Tafel zu malen oder den Kindern für einfache Stationen entsprechende Stationskärtchen auszuteilen.

Mit der „Langlauf-Staffel“ zum Stundenausklang wird der Wettbewerb in der Gruppe aufgegriffen. Das Team, das fertig ist, stellt sich einbeinig mit geschlossenen Augen hinter ihr Starthütchen und muss ausharren, bis das letzte Team im Ziel ist. Somit wird die Brücke zur darauf folgenden Stunde „Balancieren“ geschlagen.

Benötigte Materialien

- 8–10 (blaue) Turnmatten
- 4 Turnbänke
- 1 Sprossenwand
- 1 Kasten (3-teilig)
- 1 Kastenoberteil
- 4 kleine Kästen
- 2 Weichbodenmatten
- 16 Teppichfliesen
- 2 Reckstangen oder zwei Hochsprungständer
- 3 Zauberschnüre oder Absperrband
- Klebeband
- 10–20 Gymnastikseile
- 6 Gymnastikreifen
- 40 Hütchen/Markierungskegel

Stundenverlauf Stunde 2: *(Rollen und) Springen* – *„Olympische Winterspiele“*

Stundenabschnitte und Unterrichtsinhalte	Organisatorische Hinweise
Aufwärmphase	
„Schneesturm“ In der Halle werden 6–7 (blaue) Turnmatten verteilt. Es werden zunächst zwei Fänger (bei großen Klassen drei Fänger) bestimmt/gewählt. Die restlichen Kinder bewegen sich in der Halle um die Matten herum. Wird man gefangen, turnt der Gefangene auf einer Matte eine Rolle und legt sich anschließend ca. 1 m vor dieser Matte in die Bauchlage. Man kann befreit werden, indem ein anderes Kind über das liegende Kind springt und danach auf der Matte eine Vorwärtsrolle durchführt. Ist man befreit, kann man wieder normal weiterlaufen. Während ein Kind ein anderes Kind befreit, können die beiden Kinder nicht gefangen werden.	**Material:** 6–7 (blaue) Turnmatten **Hinweise** Das Aufwärmspiel kann in eine Geschichte verpackt werden: Alle Kinder befinden sich auf dem Weg in das olympische Dorf und müssen sich vor einem eisigen Schneesturm retten. Die Fänger sind der herumwirbelnde Wind, der seine eisigen Finger nach den Kindern ausstreckt. Zum Beenden des Spiels beruhigt sich der Sturm (Fänger hört auf zu fangen) und alle Athleten treffen im olympischen Dorf ein. Die Sprungvorgaben können während des Spiels variiert werden (beidbeinig, einbeinig, ...). Der Fänger sollte mindestens einmal während des Spiels ausgewechselt werden.
Dehnübungen Dehnübung 2: Oberschenkelvorderseite Dehnübung 3: Innenseite Oberschenkel Dehnübung 6: Wadenmuskulatur Dehnübung 8: Hüftbeuger	***Kräftigung/Rumpfstabilisation*** Kräftigungsübung 1: Schiffchen (vor- & rückwärts)
Übungsphase	
Es wird ein Parcours (Einzelstunde einzelne Stationen) zu den olympischen Winterspielen aufgebaut. Die Kinder durchlaufen die einzelnen Stationen der Winterspiele.	In der Doppelstunde kann die Einführung an die Geräte und Stationen durch eine Geschichte unterstützt werden.

Stundenabschnitte und Unterrichtsinhalte	Organisatorische Hinweise

Station 1: „Wedeln" (vgl. Abb. 7)

Zwei Turnbänke werden im Abstand von 1,5 m parallel aufgestellt.
1–2 Zauberschnüre werden über Kreuz zwischen den Bänken gespannt.

Die Kinder springen beidbeinig zwischen den Schnüren hin und her um durch die Gasse zu gelangen.

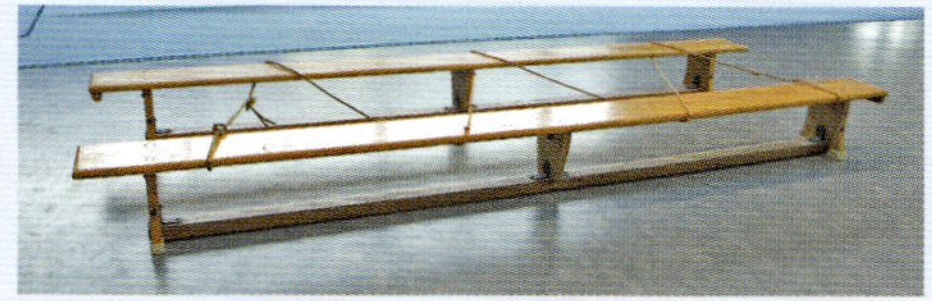

Abb. 7: Station Wedeln

Material: 2 Turnbänke, 1–2 Zauberschnüre oder alternativ Absperrband (dann aber locker binden)

Hinweis: Das Hüpfen soll das „Wedeln" beim Skifahren imitieren.

Station 2: „Trainingslager"

5 (blaue) Turnmatten mit zunächst 1m Abstand hintereinander auslegen. Die Kinder sollen auf der Mattenbahn von Matte zu Matte springen um noch einmal „Kraft zu tanken"

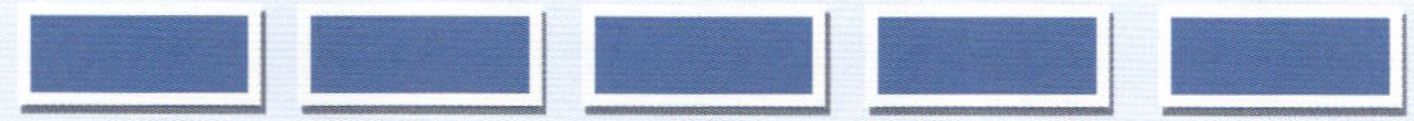

Material: 5 (blaue) Turnmatten

Hinweise: Der Abstand der Matten und die Art der Sprünge können variieren (Pferdchensprung, Schrittsprung, ...)

Station 3: „Skispringen" (vgl. Abb. 8) – nur für die Doppelstunde

Zwei Turnbänke werden auf gleicher Höhe nebeneinander in eine Sprossenwand eingehängt. Die vorderen Enden liegen auf einem kleinen Kasten auf. Der Bereich unter den Bänken wird mit (blauen) Turnmatten ausgelegt. Im Anschluss an den Kleinkasten liegt eine Weichbodenmatte.

Die Kinder klettern an der Sprossenwand nach oben und setzen sich zunächst auf den Turnbänken ab. Eine Hilfestellung legt eine Teppichfliese bereit, auf der die Kinder dann auf der Turnbank runter rutschen dürfen. Kommen sie unten an, erfolgt ein kräftiger Absprung auf die Weichbodenmatte, auf der mit den Füßen gelandet wird und anschließend eine Rolle vorwärts oder eine Schulterrolle geturnt wird.

Hinweise: Ängstliche Kinder können zunächst auf dem Hintern nach unten rutschen, trauen sie sich mehr zu, rutschen sie in der Hocke beidbeinig stabil auf der Teppichfliese stehend nach unten. An dieser Station benötigen die Kinder zunächst Hilfe durch die Lehrkraft.

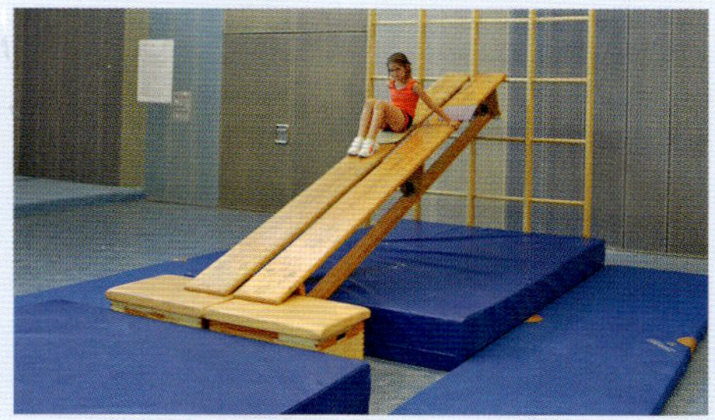

Abb. 8: Station Skispringen

Material: 1 Sprossenwand, 2 Turnbänke, 1 kleiner Kasten, 3 (blaue) Turnmatten, 1 Weichbodenmatte, 1 Teppichfliese, Klebeband o. Ä. zur Weitenmarkierung

Die Weite kann, wenn man einen Wettkampf daraus machen möchte, markiert und gemessen werden.

Stundenabschnitte und Unterrichtsinhalte	Organisatorische Hinweise

Station 4: „2. Trainingslager“ (vgl. Abb. 9)

3 Reifen werden direkt hintereinander gelegt, dann 2 nebeneinander, dann ein letzter wieder auf die Höhe der ersten drei.

Die Kinder springen (beidbeinig, einbeinig) in die Reifen und versuchen dabei nicht den Rand zu berühren oder die Reifen zu verschieben. Am Ende erfolgt ein Strecksprung mit anschließender Rolle vorwärts auf die Matte.

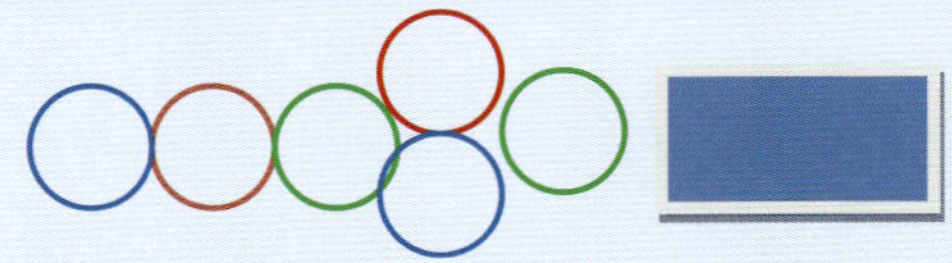

Abb. 9: Trainingslager

Material: 6 Gymnastikreifen, 1 (blaue) Turnmatte

Hinweis: Die Sprünge können variieren (einbeinig, beidbeinig bzw. beidbeinig in die Doppelreifen, gegrätscht in die Doppelreifen).

Station 5: „Startsprung“ (vgl. Abb. 10) – nur für die Doppelstunde

Kastentreppe aus Kastenoberteil (unterste Stufe), 2 kleine Kästen nebeneinander (mittlere Stufe) und einen 3-teiligen Kasten (oberste Stufe) vor einer Reckanlage oder (wie in Abb. 10) vor den Ringen aufbauen. Zwischen den Reckstangen wird eine Zauberschnur gespannt. Dahinter liegt eine Weichbodenmatte.

Die Kinder laufen über die Kastentreppe und springen vom 3-teiligen Kasten über die Schnur und landen auf der Weichbodenmatte.

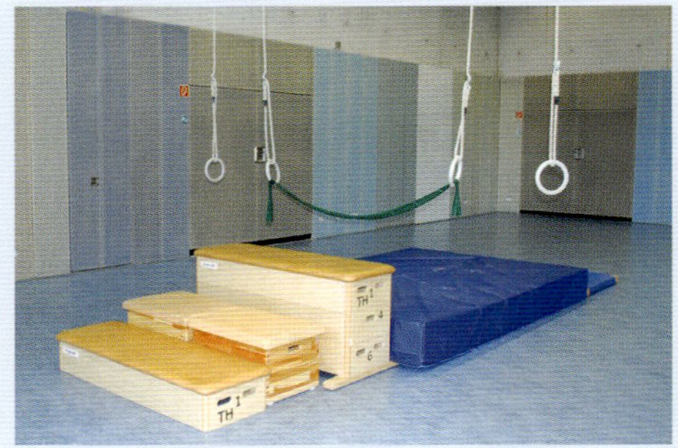

Abb. 10: Station Startsprung

Material: 3-teiliger Kasten, 2 kleine Kästen, Kastenoberteil, Weichbodenmatte, Reckständer oder alternativ Hochsprungständer, Zauberschnur oder alternativ Absperrband.

Hinweise: Station kann vor der Skisprungstation eingebaut werden.

Die Kinder sollen sich kräftig abdrücken, da sie mit diesem Sprung im olympischen Dorf ankommen.

Das nächste Kind darf immer erst anlaufen, sobald das Kind zuvor die Weichbodenmatte verlassen hat.

Die Schnur sollte aus Sicherheitsgründen nachgeben. Daher Zauberschnur oder Gummiband verwenden.

Stundenabschnitte und Unterrichtsinhalte	Organisatorische Hinweise
Station 6: „Medaillen-Schnappen“ – nur für die Doppelstunde	
An einen Basketballkorb werden bunte Bändel gebunden. Die Kinder sollen mit etwas Anlauf zu den Bändeln springen und versuchen sie zu berühren.	**Material:** Basketballkorb, bunte Bändel (alternativ bunte Gymnastikseile) **Hinweis:** Die Bändel müssen nicht festgeknotet werden, sondern können auch locker eingehängt werden. Dann dürfen die Kinder die bunten Bändel schnappen und nach unten ziehen.
Stundenausklang	
„Skirennen – Langlauf-Staffel“	
Staffelspiel	**Material:** pro Team 2 Fliesen, pro Team 5 Hütchen/Markierungskegel
Die Kinder werden in Teams eingeteilt (2–4 je nach Teilnehmerzahl). Jedes Team bekommt 2 Teppichfliesen. Zwischen Start- und Wendepunkt wird für jedes Team ein Hütchen-Slalom aufgebaut. Die Fliesen werden mit der rutschigen Seite nach unten gelegt und man stellt sich mit jedem Bein auf eine Fliese. Auf ein Startsignal versucht der erste jedes Teams durch Imitation des Langlaufens im Slalom um die Hütchen zu rutschen. Nach Abklatschen mit Übergabe der Fliesen startet der Nächste. Gewonnen hat das Team, das am schnellsten alle Teilnehmer erfolgreich durch den Slalom geschickt hat.	Das Team, das fertig ist, stellt sich einbeinig mit geschlossenen Augen hinter ihr Starthütchen und muss ausharren, bis das letzte Team im Ziel ist. Bei Bedarf kann der Bereich, in dem die Mannschaft balancieren muss, mit einem Ring aus Gymnastikseilen markiert werden. Sieger ist dann das Team, das am längsten als Gesamtes noch auf einem Bein steht. Es empfiehlt sich, hier mehrere Durchgänge zu spielen, da sich die Taktik der Mannschaften evtl. verändert. **Hinweis:** Wenn kein Wettbewerb durchgeführt werden soll, werden die Gruppen an verschiedenen Stellen in der Halle verteilt und starten nicht zeitgleich. Die Spieler der einzelnen Teams sollen so lange wie möglich mit geschlossenen Augen auf einem Bein stehen, nachdem sie den Parcours durchlaufen haben.

3 Balancieren

Ziel der dritten Stunde mit dem Titel Balancieren ist vor allem die Gleichgewichtsschulung. Die Kinder sollen lernen, den eigenen Körper (in der Bewegung) im Gleichgewichtszustand zu halten oder den Gleichgewichtszustand wiederherzustellen. Das Gleichgewicht wird in fast jeder sportlichen Tätigkeit sowie in vielen Alltagssituationen benötigt. Es stellt damit eine zentrale Voraussetzung des Bewegungslernens dar. In Anlehnung an den baden-württembergischen *Bildungsplan 2004 – Grundschule* sollen sich die Kinder in dieser Unterrichtsstunde mit ihrem eigenen Körper beim Balancieren, mit unterschiedlichen Materialen, auf denen balanciert wird, sowie mit den eingesetzten Geräten und Gerätekombinationen auseinandersetzen, um dadurch ihr individuelles Bewegungsrepertoire zu erweitern. Durch den Einsatz von Turngeräten und einfachen turnspezifischen Bewegungsaufgaben werden den Kindern erste Turngelegenheiten eröffnet. Anhand der Bewegungsgrundformen Balancieren und Drehen werden in dieser Stunde grundlegende Erfahrungen gesammelt. Bei eigenständigem Auf- und Abbau der Stationen übernehmen die Kinder Verantwortung und lernen alternative Einsatzmöglichkeiten der Geräte kennen. Durch gelegentliche Hilfestellungen an einzelnen Stationen sammeln die Kinder soziale Erfahrungen im Umgang mit ihren Mitschülern. Der didaktische Ansatz, der dieser Stunde zu Grunde liegt, bezieht sich auf die von Laging (1991) festgelegten Bewegungsgruppen (Balancieren und Klettern sowie Drehen und Rollen), wobei Elemente zu neuen Kombinationen zusammengefügt werden. Die Erfahrungen können im Stehen, Gehen, Laufen, Hüpfen, Steigen oder Klimmen auf schmalen, breiten, festen, wackligen, hohen oder niedrigen Flächen in horizontaler und vertikaler Bewegungsrichtung gemacht werden. Es wird Wert auf ein vielseitiges Bewegungsangebot gelegt, das einen hohen Aufforderungscharakter für die Kinder hat und sie keinesfalls unterfordert. Es finden sich daher bei den organisatorischen Hinweisen Anregungen zur Veränderung von Bewegungsaufgaben, um diese dem individuellen Leistungsstand der Kinder anzupassen. Es sollte darauf geachtet werden, dass keine normgebende Anweisungen, sondern möglichst offene Bewegungsaufgaben gestellt werden, sodass die Kinder immer noch individuellen Spielraum zur Lösung dieser Aufgabe haben.

Es sind keine besonderen Voraussetzungen für diese Unterrichtsstunde notwendig, da die Bewegungsaufgaben individuell, je nach Leistungsstand der Kinder, gelöst werden können und ggf. eine Hilfestellung durch einen Partner gegeben wird. Besonders ängstliche Kinder sind zu ermutigen – es kann beispielsweise darauf hingewiesen werden, dass alle Stationen ausreichend mit Matten gesichert sind und somit keine Gefahr sich zu verletzen besteht.

Benötigte Materialien

- 3 Turnbänke
- 2 kleine Kästen
- 1 Reckanlage, 2 Reckstangen
- 1 Tauanlage mit 3 Tauen
- 2 Sprungbretter
- 6 (blaue) Turnmatten
- 1 Weichbodenmatte
- 3 Seile
- 7 Softbälle
- Musik

Stundenverlauf Stunde 3: *Balancieren*

Stundenabschnitte und Unterrichtsinhalte	Organisatorische Hinweise
Aufwärmphase	
Musikstoppspiel	
Die Kinder bewegen sich zu Musik auf den Bodenlinien durch die Halle, ohne diese zu verlassen. Bei Musikstopp erstarren die Kinder („Freeze“). Beim erneuten Musikstart das Tempo etwas steigern.	Die Kinder sind während der Stunde, wenn möglich, barfuß (Schulung der Sensibilität der Fußsohlen).
Musikstopp: Einbeinstand. Musik: einbeiniges Hüpfen auf den Linien. Musikstopp: Einbeinstand mit geschlossenen Augen. Musik: Hüpfen auf dem anderen Bein auf den Linien. Musikstopp: „Flieger“ (Standwaage).	Die Aufwärmphase kann ggf. durch weitere Aufgaben verlängert bzw. durch Weglassen von Aufgaben verkürzt werden, je nachdem wie viel Zeit zur Verfügung steht.
Musikstoppspiel Partneraufgabe – nur für die Doppelstunde	
Zu zweit zusammengehen: beide Kinder machen einen Einbeinstand, dabei wird ein Bein in der Luft nach hinten angewinkelt, das hintere Kind hält den Fuß des vorderen Kindes.	
Musik: Das Paar hüpft (sofern möglich im vorher eingenommenen Einbeinstand) auf den Linien entlang zur Musik.	
Musikstopp: Zusammenschluss zu Viererteams, Fußwechsel.	
Nächster Musikstopp: Erneuter Zusammenschluss, Fußwechsel, … so lange, bis eine Kette aus allen Kindern entstanden ist.	Als Erleichterung können sich die Kinder bei der Kette mit einer Hand an der Schulter des vorderen Partners festhalten.
Ohne Musik: Die Kette wird zum engen Kreis, die Kinder halten sich mit beiden Händen an den Schultern des jeweils vorderen Kindes und beugen vorsichtig ihre Knie bis sie auf dem Schoß des hinteren Kindes sitzen („Kreissitzen“).	
Dehnübungen	***Kräftigung/Rumpfstabilisation***
Dehnübung 4: Schulter/Oberarmrückseite/Arm-Rumpf-Winkel Dehnübung 5: Gesäßmuskulatur Dehnübung 7: Mobilisation Wirbelsäule Dehnübung 9: Partnerübung Schulter	Kräftigungsübung 2: Unterarmstütz seitlich (rechts & links)

Stundenabschnitte und Unterrichtsinhalte	Organisatorische Hinweise

Übungsphase

Die Kinder bauen mit Hilfe der Lehrkraft die Stationen auf.

- **Station 1: „*Holzbrücke*“** (Turnbank)
- **Station 2: „*Schlange*“** (Seil/Tau)
- **Station 3: „*Donnerbalken*“** (umgedrehte Turnbank)
- **Station 4: „*Schienenbrücke*“** (Reckstange auf zwei kleinen Kästen)
- **Station 5: „*Wackelsteg*“** (Bankwippe) – ***nur für die Doppelstunde***
- **Station 6: „*Lianenschlucht*“** (Reckpfosten mit Seilen) – ***nur für die Doppelstunde***
- **Station 7: „*Tarzanweg*“** (Reckstange an Tauen) – ***nur für die Doppelstunde***

Aufgaben

1. Über alle Stationen vorwärts balancieren, danach seitwärts, anschließend rückwärts.
2. An Stationen 1, 2, 3 und 5: beidbeinige ½-Drehung, einbeinige ½-Drehung, ½-Drehung im Hockstand.

Die Bewegungsaufgaben können wie folgt formuliert werden (Beispiel): „Versucht nun einmal euer Hindernis rückwärts zu überwinden, ohne dass ihr das Gleichgewicht verliert ...“

Nach ca. 3–4 Durchläufen und erfolgreicher Umsetzung der Bewegungsaufgaben erfolgt eine Erweiterung:
- Jede Station erhält einen Softball: Ein Kind wirft dem balancierenden Kind den Ball zu.
- 2-maliges Durchlaufen der Stationen, wobei jeweils ein Wechsel des balancierenden und werfenden Kindes erfolgt.

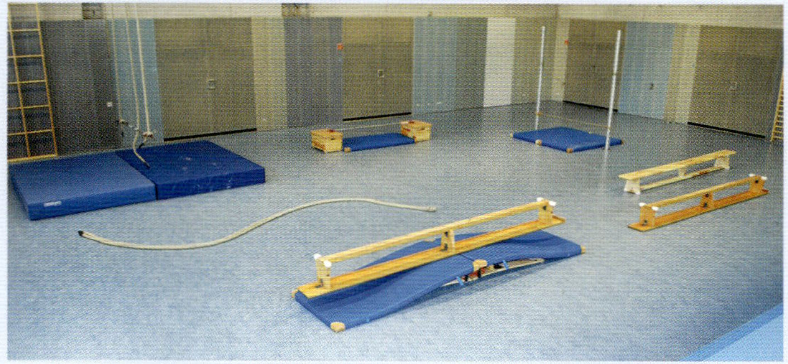

Abb. 11: Übersicht Stationen

Material
- Station 1: Holzbrücke: 1 Turnbank
- Station 2: Schlange: 1 Seil bzw. Tau
- Station 3: Donnerbalken: 1 Turnbank
- Station 4: Schienenbrücke: 2 Kleinkasten, 1 Reckstange
- Station 5: Wackelsteg: 2 Sprungbretter, 2 (blaue) Turnmatten, 1 Turnbank
- Station 6: Lianenschlucht: 1 Reckanlage ohne Reckstange, 4 Gymnastikseile (zusammengeknotet) oder 2 längere Seile , 4–6 (blaue) Turnmatten
- Station 7: Tarzanweg: Tauanlage mit 3 Tauen, 1 Reckstange, 1 Weichbodenmatte

Hinweise

Bilder verteilt auf dem Hallenboden zeigen, welche Station wie aussieht und an welcher Stelle diese aufgebaut werden soll.

Der Aufbau erfolgt im Kreis (vgl. Abb. 10), so dass die Stationen anschließend nacheinander durchlaufen werden können.

Stundenabschnitte und Unterrichtsinhalte	Organisatorische Hinweise
	Zur Steigerung können an Station 1 zwei Hütchen als Hindernisse aufgestellt werden. Bei Station 4 empfiehlt es sich, immer ein Kind als Hilfestellung agieren zu lassen. Bei Station 6 wird ein Seil ca. 40 cm über dem Boden gespannt, ein zweites Seil in Kopfhöhe der Kinder. Station 7: Zwei Taue werden an die Reckstange geknotet, ein drittes Tau der Tauanlage hängt zwischen den beiden Tauen. Anstatt die Reckstange an den Tauen festzuknoten kann auch ein Tautrapez verwendet werden.
Stundenausklang	
Abbau: Je 4er-Gruppe wird eine Station abgebaut.	
„Freeze"-Fange Die Kinder spielen zu Musik Fangen mit zunächst einem ggf. zwei Fängern. Wer gefangen wurde, steht auf einem Bein und wartet bis er von einem Mitspieler durch Abklatschen befreit wird. Wenn die Musik ausgeht, erstarrt („Freeze") jedes Kind in seiner momentanen Position.	Aufgrund der Lautstärke bei Fangspielen kann anstelle Musik/Musikstopp ein anderes Zeichen zum Erstarren vereinbart werden, so dass die Geräuschkulisse insgesamt niedriger bleibt.

4 Springen mit dem Sprungbrett

Ziel dieser Stunde ist das Abspringen von unterschiedlichen Untergründen in die Höhe, in die Weite und über Hindernisse. Zum Absprung ist häufig ein spezifischer Rhythmus notwendig, etwa an der Kastentreppe (re – li – re – Sprung) und ebenso das Ankommen mit dem richtigen Bein vor dem Sprungbrett, um entsprechend einspringen zu können.

Die Rhythmisierung von Bewegungen kann sowohl mit Musik als auch ohne in Bewegungsanlässe integriert werden, sei es im Aufwärmen mit Medizinbällen, die zu einem vorgegebenen Rhythmus geprellt werden, bei dem auf den späteren Absprung hingearbeitet wird (bspw. kurz, kurz, lang an der Kastentreppe), oder begleitend bei Sprüngen über die Kastentreppe. Zum anderen können Laufformen über Gymnastikreifen mit unterschiedlichen Kontaktzahlen dazu genutzt werden, das Thema Rhythmus mit den Beinen zu erarbeiten. Selbstverständlich können auch Musikrhythmen aufgegriffen werden. Bezogen auf die Bildungspläne werden neben den grundlegenden Erfahrungen des Balancierens, die in dieser Stunde gesammelt werden, auch Kompetenzen aus anderen Bereichen, etwa des rhythmischen Bewegens, angesprochen.

Der didaktische Ansatz dieser Stunde orientiert sich erneut an Laging (1991), dieses Mal an den Bewegungsgruppen Springen, Schweben und Überschlagen sowie Drehen und Rollen.

In der Aufwärmphase wird das Thema Rhythmus aufgegriffen. Die Kinder sollen zunächst mit unterschiedlichen Beinkontakten durch eine Reifengasse laufen und einen vorgegebenen Rhythmus einhalten. Anschließend soll die Hälfte der jeweiligen Gruppe diesen Rhythmus durch Medizinbälle hörbar machen. Dies kann im weiteren Stundenverlauf ggf. noch einmal hinzu gezogen werden.

An den Stationen im Hauptteil der Stunde stehen unterschiedliche Absprung- und Sprungoptionen zur Verfügung. Die Kinder bauen zunächst in Kleingruppen auf und turnen dann in den Kleingruppen an diesen Stationen. Im Gegensatz zur vorangegangenen Stunde, bei der viele Bewegungsformen selbst gefunden werden konnten, gibt die Lehrkraft konkrete Bewegungsanweisungen. Beim Abspringen der heutigen Stunde geht es um den prellenden Absprung. Die Kontaktzeit im Sprungbrett und auf der Kastentreppe oder an der Turnbank soll dabei kurz sein. Diesen kurzen Kontakt können die Kinder bei den Froschsprüngen an den Matten ausprobieren (vorwärts).

Gleichzeitig kann die Lehrkraft auf die Landungen der Kinder achten. Auf zwei Hauptaugenmerke sollte sie sich dabei konzentrieren. Zunächst einmal ist auf eine achsengerechte Landung zu achten, bei der die Füße parallel oder mit minimaler Außenrotation stehen. Die Knie sollen in Richtung Zehenspitzen zeigen, weder nach innen knicken (X-Bein) noch nach außen geführt werden (O-Bein). Neben der Beinachse spielt die Landung auf der ganzen Fußsohle eine wichtige Rolle, um so die vorhandenen Kräfte optimal abfedern zu können. Dazu kann man die Kinder in Form von Kontrastaufgaben bewusst auf den Zehen oder auf den Ballen landen lassen, damit diese den Unterschied merken.

Vor dem Abbau soll zum Stundenausklang das Thema Rhythmus noch einmal aufgegriffen werden. Mittels der Medizinbälle und/ oder mittels Klatschen sollen die nicht turnenden Kinder das jeweils an der Kastentreppe turnende Kind begleiten.

Benötigte Materialien

- 20–30 Gymnastikreifen
- 10–15 Medizinbälle
- 3 Kästen (5-teilig)
- 2 Sprungbretter
- 1 Turnbock
- 1 Turnbank
- 8 (blaue) Turnmatten
- 2 Weichbodenmatten
- Kreppband

Stundenverlauf Stunde 4: *Springen mit dem Sprungbrett und Minitrampolin*

Stundenabschnitte und Unterrichtsinhalte	Organisatorische Hinweise
Aufwärmphase	
Reifenlauf	
Die Kinder sollen mit unterschiedlich vielen Schritten durch die jeweilige Reifengasse laufen. (Beispiel: je Reifen 1/2/3 Schritte; erster Reifen 1, zweiter Reifen 2, dritter Reifen 4, fünfter Reifen 3 Schritte, ...). Die Aufgabe wird erweitert, in dem die Hälfte jeder Gruppe einen Medizinball bekommt. Die Kinder mit dem Medizinball sollen jeden Schritt des durch die Reifen laufenden Kindes mit einem Prellen des Medizinballs begleiten. Wieder unterschiedliche Rhythmen vorgeben.	**Hinweise:** Für je 6–8 Kinder eine Reifengasse aus 8 Reifen bilden. **Material:** 1 Gymnastikreifen je Kind.
Dehnübungen	***Kräftigung/Rumpfstabilisation***
Dehnübung 1: Oberschenkelrückseite/rückwärtige Beinschlinge Dehnübung 2: Oberschenkelvorderseite Dehnübung 6: Wadenmuskulatur	Kräftigungsübung 2: Unterarmstütz seitlich (rechts & links) Kräftigungsübung 3: Liegestützposition
Übungsphase	
„Springen mit dem Sprungbrett“	
Für die Übungsphase dieser Stunde werden vier Stationen (vgl. Abb. 12) aufgebaut. Immer vier Kinder helfen der Lehrkraft eine Station aufzubauen.	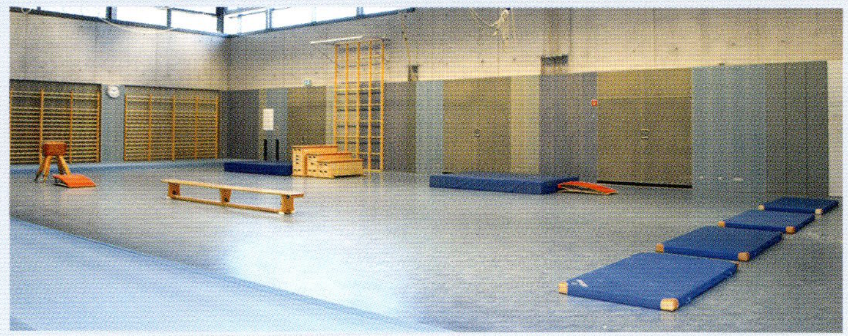 Abb. 12: Übersicht Stationen

Stundenabschnitte und Unterrichtsinhalte

Station 1: Turnbank

Station 2: Vier hintereinandergelegte (blaue) Turnmatten
mit jeweils 1 m Abstand zueinander.

Station 3: Sprungbrett und Weichbodenmatte
(auf die Weichbodenmatte wird mit Kreppklebeband ein ca. 50 cm x 50 cm großes Viereck geklebt).

Station 4: Kastentreppe mit Großkästen – nur für die Doppelstunde
Die Kastentreppe besteht aus drei unterschiedlich hohen Kastenteilen, die an der langen Seite nebeneinander gestellt werden und somit eine Kastentreppe bilden. Dahinter wird eine Weichbodenmatte gelegt.

Station 5: Sprungbrett und Sprungbock – nur für die Doppelstunde
4 (blaue) Turnmatten.

Die Stationen werden jetzt im Kreislauf von den Kindern absolviert. Jede Station kann in ihrer Ausführung variiert werden, sodass man bspw. die folgenden vier Durchgänge durchführen kann:

1. Durchgang

Station 1: Die Hände stützen auf der Turnbank ab, die Beine sind geschlossen. Die Kinder müssen nun mit ihren Füßen seitlich der Turnbank, auf die Turnbank und dann auf die andere Seite der Turnbank, usw. springen.

Station 2: Die Kinder müssen wie Frösche von Turnmatte zu Turnmatte springen, dürfen nicht ins „Wasser“ (= Freiraum zwischen den Turnmatten) fallen.

Station 3: Anlauf, Einsprung einbeinig in das Sprungbrett (abwechselnd rechts und links), Absprung beidbeinig auf Sprungbrett, Landung in der abgeklebten „Landezone“.

Organisatorische Hinweise

Material: 2 Weichbodenmatten, 4 (blaue) Turnmatten, 2 Sprungbretter, drei 5-tlg. Kästen, 1 Turnbock, 1 Turnbank

Hinweise

Bilder mit dem entsprechenden Stationsaufbau werden auf dem Hallenboden verteilt und zeigen wo und wie die Geräte aufgebaut werden.

Bei der Station 4 besteht der tiefste Kasten nur aus dem untersten Kastenteil mit Rollen und dem Kastenoberteil (2-teiliger Kasten).

Der Aufbau der Stationen soll im Kreis erfolgen, sodass die Stationen nacheinander durchlaufen werden können (siehe Abb. 12). Der Vorteil dieses Stationsaufbaus ist, dass er sehr gut in einem Hallendrittel möglich ist und nicht auf Wandaufbauten wie Sprossenwand, Taue, etc. angewiesen ist. Jedoch muss für den Geräteaufbau genügend Zeit eingeplant werden!

Stundenabschnitte und Unterrichtsinhalte	Organisatorische Hinweise
– ***nur für die Doppelstunde***	
Station 4: Kastentreppe hochlaufen, mit einem Strecksprung runterspringen, dabei an der ersten Stufe abwechselnd mit dem rechten und dem linken Bein beginnen.	
Station 5: Prellsprünge beidbeinig auf dem Sprungbrett, dabei mit den Händen auf dem Sprungbock abstützen.	
2. Durchgang	
Station 1: Wie in Durchgang 1, nur rückwärts.	
Station 2: Die Kinder müssen wie Frösche von Turnmatte zu Turnmatte springen, dürfen nicht ins „Wasser“ (= Freiraum zwischen den Turnmatten fallen).	
Station 3: Sprunghocke, Landung in der Landezone.	
– ***nur für die Doppelstunde***	
Station 4: Rückwärts hochkrabbeln, rückwärts hinunterspringen.	
Station 5: Prellsprünge beidbeinig auf dem Sprungbrett, dabei mit den Händen auf dem Sprungbock abstützen.	
3. Durchgang	
Station 1: Die Hände stützen wieder auf der Turnbank ab, die Beine sind geschlossen. Die Kinder müssen nun mit ihren Füßen immer seitlich der Turnbank aufkommen, die Turnbank also überspringen.	
Station 2: Mit Strecksprüngen und nach oben gestellten Armen von Turnmatte zu Turnmatte springen.	
Station 3: Sprunghocke, Landung in der Landezone.	
– ***nur für die Doppelstunde***	
Station 4: „Seitlicher Aufstieg“ wie ein Krebs, mit Bauch nach oben.	
Station 5: Prellsprünge, aber beim Hochspringen die Beine grätschen.	

Stundenabschnitte und Unterrichtsinhalte	Organisatorische Hinweise

4. Durchgang

Station 1: Wie Durchgang 3, nur rückwärts.

Station 2: mit einem Hocksprung von Turnmatte zu Turnmatte springen.

Station 3: Grätschsprung, Landung in der Landezone .

– ***nur für die Doppelstunde***

Station 4: Mit geschlossenen Beinen versuchen, die Kastentreppe hinaufzukommen.

Station 5: Prellsprünge, die Hände werden aber erst kurz nach dem Absprung auf den Sprungbock aufgesetzt.

Umbau der Stationen – *nur für die Doppelstunde*

Durch einen Umbau wird der Charakter der einzelnen Stationen verändert, Station 5 wird aufgelöst (vgl. Abb. 13).

Station 1: Zwei Langbänke werden parallel zueinander aufgestellt, eine kleine Gasse dazwischen gebildet.

Station 2: Die vier hintereinandergelegten Turnmatten werden zusammengerückt, drei kleine Kästen werden hintereinander daraufgestellt.

Station 3: kein Umbau, Station entspricht Station 3 aus dem ersten Stundenteil.

Station 4: Kastentreppe (besteht aus drei unterschiedlich hohen Kastenteilen, diese werden jetzt an den kurzen Seiten aneinandergestellt, sodass durch die höhere Anlaufgeschwindigkeit eine zweite Weichbodenmatte benötigt wird).

Es können wieder alle vier Stationen variiert werden. Hier zwei Beispiele:

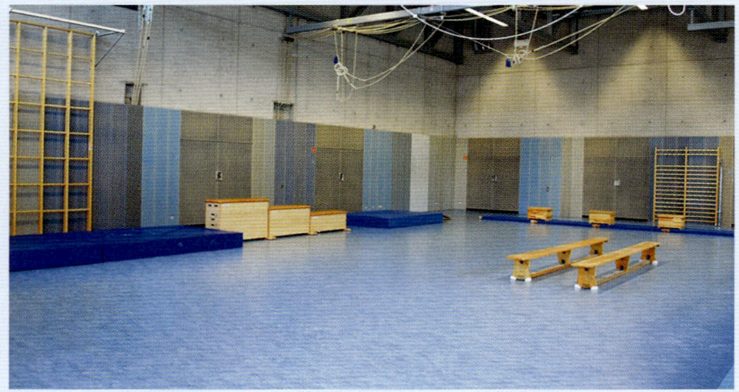

Abb. 13: Umbau der Stationen

Zusätzliches Material: 1 Turnbank, ein 5-tlg. Kasten, 3 Kleinkasten.

<table>
<tr><th>Stundenabschnitte und Unterrichtsinhalte</th><th>Organisatorische Hinweise</th></tr>
<tr><td>1. Durchgang

Station 1: Hocksprünge durch die „Bankgasse“.

Station 2: „Auf und Ab Springen“ über die kleinen Kästen.

Station 3: Sprunghocke/Grätschsprung in die Landezone.

Station 4: Gleichmäßiger Anlauf auf der Kastentreppe, einbeiniger Absprung auf die Zielfläche; ggf. zweite Landematte und Hoch-Weitsprung durchführen.

2. Durchgang

Station 1: Wie in Durchgang 1, nur rückwärts.

Station 2: Auf den Kasten springen (einbeinig), mit einem Strecksprung herunterspringen (beidbeiniger Absprung), wieder einbeinig auf den Kasten hinauf, usw.

Station 3: Evtl. ½-Drehung.

Station 4: Gleichmäßiger Anlauf auf der Kastentreppe, einbeiniger Absprung mit halber Drehung, Landung auf der Weichbodenmatte.</td><td></td></tr>
<tr><th colspan="2">Stundenausklang</th></tr>
<tr><td>Vor dem Abbau soll zum Stundenausklang das Thema Rhythmus noch einmal aufgegriffen werden. Mittels der Medizinbälle und/oder mittels Klatschen sollen die nicht turnenden Kinder das jeweils an der Kastentreppe turnende Kind begleiten. Anlaufschritte, Schritte auf Kasten, Absprung, Flug (leise), Landung im Stand – Ende.

Abbau: Jede 4er-Gruppe baut die Station ab, die sie vorher gemeinsam aufgebaut hat.</td><td>Die Lehrkraft kann den anlaufenden Kindern auch einen Rhythmus vorgeben, so dass diese nicht gleichmäßig laufen bzw. die zuschauenden Kinder nicht gleichmäßig klatschen.</td></tr>
</table>

5 Schaukeln und Schwingen

Die Lehrpläne für die Grundschulen fordern, grundlegende Erfahrungen im Schwingen und Schaukeln zu sammeln. Während der Stunde „Schaukeln und Schwingen" sollen die Kinder ihren Körper in verschiedenen Situationen erleben, die ein kontrolliertes Schwingen und Schaukeln ermöglichen. Bewegungserlebnisse, die diese Erfahrung bieten, sind im Alltag eher rar, was die Durchführung im Sportunterricht nicht nur wichtig, sondern motivierend macht. Gleichzeitig ist zu berücksichtigen, dass die Kinder eher wenig Vorerfahrung mitbringen. Indem die Übungen in Kleingruppen durchgeführt werden, soll versucht werden, dass sich die Kinder auf die Bewegungsaufgabe konzentrieren und dabei nicht von Station zu Station rasen.

Die an das Modell von Laging (1991) angelehnte Stunde soll mit normfreien Bewegungen an das Schwingen und Schaukeln heranführen. Den Kindern wird Raum gegeben, ihre Bewegungsideen für die jeweilige Zielerreichung (etwa Gegenstand von A nach B transportieren) zu finden und zu festigen. Bevor die Kinder an die Ringe gehen, wird an der Sprossenwand das Thema Klettern einzeln und in der Gruppe noch einmal aufgegriffen. Die Kinder sollen aneinander vorbei klettern und dabei gegenseitig Rücksicht aufeinander nehmen.

Anschließend wird an den Schaukelringen eine erste Form des Schwingens mit Loslassen am hinteren Umkehrpunkt (dies ist wichtig, damit die Kinder lernen, nicht vorne loszulassen) eingeübt. Die Landung auf der Landefläche erfordert einiges an Koordination, die Kinder erfahren gleichzeitig, wie der Körper schwingt. Dazu wird parallel ein Landezirkel aufgebaut, um einerseits die Kinder, die nicht alle gleichzeitig schwingen können, zu beschäftigen, andererseits um auf eine spätere Stunde mit Landungen (Stunde 7: Springen mit dem Minitramp) vorzubereiten. Landungen sollen immer beidbeinig erfolgen. Die Kinder sollen darauf achten, dass sie mit dem ganzen Fuß und nicht nur auf dem Ballen oder auf der Ferse landen. Die Arme werden entweder vor-hoch oder vor-tief geführt. Die Landung erfolgt mit leicht geöffneten Beinen, nicht die Knie oder Sprunggelenke gegeneinander klemmen. Die Lehrkraft achtet auf X-Beine oder O-Beine bei der Landung.

Beim Balltransport wird das Schwingen erneut aufgegriffen; gleichzeitig erarbeiten die Kinder selbstständig Lösungsmöglichkeiten, den Ball von einer zur anderen Seite zu transportieren. Die Stunde steht somit ganz im Zeichen des bisher verfolgten didaktischen Ansatzes.

Das in der Erweiterung angebotene Spiel „Goldsuche“ erfordert einen größeren Gerätebedarf sowie etwas Umbauzeit. Dafür wird jedoch neben dem Hängen und Schwingen auch das Stützen (am Barren) integriert, so dass mehrere Fähigkeiten bzw. Grundfertigkeiten gleichzeitig angesprochen werden.

Das im Stundenausklang angebotene Spiel soll mittels Ball vom Schwingen ablenken, erfordert jedoch ein hohes Maß an Koordination, um den Ball weg zu kicken. Gleichzeitig wird das Fangen geübt, wenn anstelle eines Ziels ein anderes Kind steht, das den Ball fangen/aufnehmen soll.

Im Entwurf werden zwei Schaukelringanlagen mit jeweils zwei bis drei Weichbodenmatten und einer Rollmatte verwendet. Sollte dies nicht parallel möglich sein, da die Geräte nicht zur Verfügung stehen, dann können die Aufgaben auch nacheinander durchgeführt werden. Der Wettbewerb (Turnen gegeneinander) entfällt in diesem Fall.

Benötigte Materialien

- 2 Schaukelringanlagen
- 4–6 Weichbodenmatten, alternativ: 12–18 (blaue) Turnmatten
- 2 Bodenrollmatten
- 1 Tauanlage
- Mind. 1 Doppelfeldsprossenwand
- Unterschiedliche Bälle (bspw. Volleyball, Basketball, Handball, Fußball, Tennisball, Redondoball)
- 4 (blaue) Turnmatten
- 2 Kästen (5-teilig)
- 5 Kleinkästen
- 1 Sprungbrett
- 1 Turnbank
- 1 Barren
- 1 Reckanlage
- 3 Niedersprungmatten oder weitere (blaue) Turnmatten
- 4 Schaumstoffbälle
- 10 Gymnastikseile
- Kleine Gegenstände als Goldnuggets (bspw. Tennisringe)
- Kreppband oder Kreide

Stundenverlauf Stunde 5: *Schaukeln und Schwingen*

Stundenabschnitte und Unterrichtsinhalte	Organisatorische Hinweise
Aufwärmphase	
Chaotischer Seitenwechsel (vgl. Abb. 14) Jeweils zwei Kinder klettern an einem Sprossenwandfeld auf die Sprossenwand. Ihre Aufgabe lautet, aneinander vorbeizuklettern (vgl. Abb. 14). Nach und nach kann die Anzahl gleichzeitig kletternder Kinder von 2 Kindern je Seite auf 6 (oder mehr) Kinder je Seite erhöht werden – wie viele Kinder schaffen es gleichzeitig?	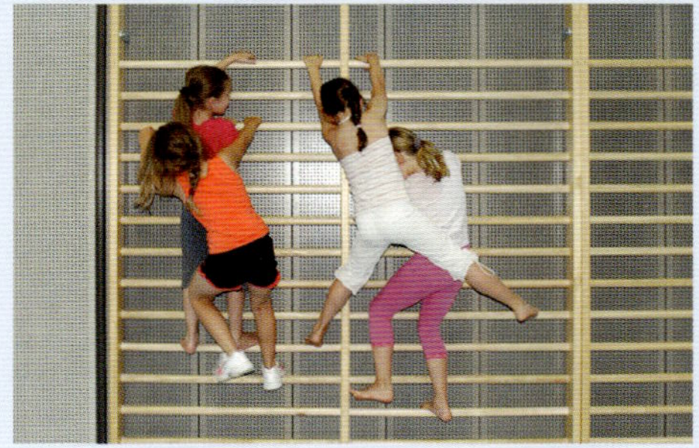 Abb. 14: Chaotischer Seitenwechsel
Chaotischer Seitenwechsel Siamesischer Zwillinge (vgl. Abb. 15) – nur für die Doppelstunde Jeweils zwei Kinder werden an den Beinen mit Sprungseilen aneinander gebunden. Jeweils zwei Paare klettern an einem Sprossenwandfeld auf die Sprossenwand. Ihre Aufgabe lautet, am anderen Paar vorbei zu klettern. Gelingt dies auch mit 2 Paaren je Sprossenwandfeld?	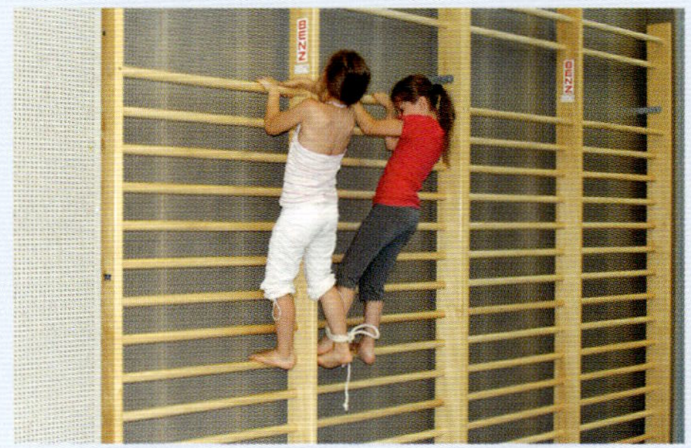 Abb. 15: Chaotischer Seitenwechsel Siamesischer Zwillinge
Dehnübungen Dehnübung 1: Oberschenkelrückseite/rückwärtige Beinschlinge Dehnübung 2: Oberschenkelvorderseite Dehnübung 4: Schulter/Oberarmrückseite/Arm-Rumpf-Winkel Dehnübung 9: Partnerübung Schulter	***Kräftigung/Rumpfstabilisation*** Kräftigungsübung 1: Schiffchen (vor- & rückwärts)

Übungsphase

Aufbau von 2 parallelen Schaukelringanlagen

2–3 Weichbodenmatten längs unter die Schaukelringe legen, ans Ende je 1 (blaue) Turnmatte als Stoppmatte (Schutz gegen Verrutschen) legen.

Bei sehr großen Klassen kann, um die Wartezeit zu verringern, eine zusätzliche Station mit Tauen und (blauen) Turnmatten aufgebaut werden.

Parallel zu den Schaukelringanlagen wird ein Landezirkel aufgebaut, damit alle Kinder in der Stunde beschäftigt sind und nicht am Gerät Schlange stehen müssen.

Matten-Zielsprung mit den Schaukelringen

Auf der Weichbodenmatte (oder Rollmatte) wird mit Kreide oder Kreppband eine Landezone (am Ende des Rückschwungs) markiert (vgl. Abb. 16).

Die Kinder sollen durch Vor- und Zurücklaufen Schwung aufnehmen und dann beim dritten Rückschwung loslassen und dabei in der Landezone landen. Sie sollen dabei selbstständig den richtigen Zeitpunkt herausfinden, zu dem sie die Schaukelringe loslassen sollen.

Nachdem alle Kinder mehrere Versuche hatten, werden zwei Mannschaften gebildet (jeweils die Kinder, die an einer Schaukelringanlage turnen). Die beiden Ringanlagen „turnen gegeneinander“, d. h. jede erfolgreiche Landung ergibt einen Punkt. Die Siegermannschaft bestimmt, welche Aufgabe die Verlierermannschaft durchführen muss (bspw. Liegestütz).

Kokosnusstransport (vgl. Abb. 17)

An den beiden Enden der Ringeanlagen steht ein umgedrehter Kleinkasten (Abstand kann variiert werden). Im Kleinkasten befinden sich unterschiedliche Bälle (bspw. Volleyball, Basketball, Handball, Fußball, Tennisball, Redondoball).

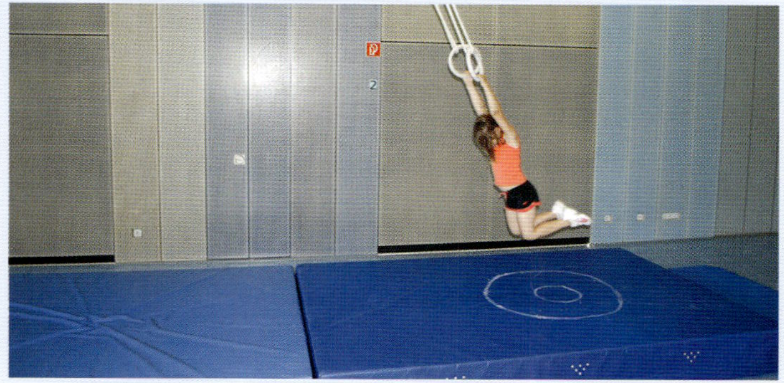

Abb. 16: Mattenzielsprung

Material: 1–2 Ringeanlagen, je Ringeanlage 2–3 Weichbodenmatten, 2 (blaue) Turnmatten.

Tipp: Über die Weichbodenmatten kann eine Rollmatte gelegt werden. Dadurch verschwinden die Spalten zwischen den Weichbodenmatten.

Hinweis: Der Wettbewerb kann erschwert werden, in dem die Landezone in verschiedene Bereiche aufgeteilt wird, die unterschiedliche viele Punkte geben (innerer Ring 3 Punkte, mittlerer Ring 2 Punkte, äußerer Ring 1 Punkt).

Video: Balltransport

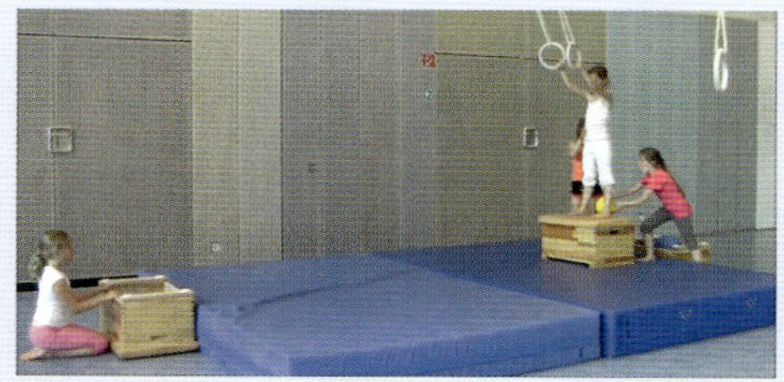

Abb. 17

Stundenabschnitte und Unterrichtsinhalte	Organisatorische Hinweise
Die Kinder (Affen) sollen die Bälle (Kokosnüsse) nacheinander durch Schwingen von einer Seite zur anderen Seite transportieren. Dazu sollen sie sich selbst überlegen, wie sie die Kokosnüsse transportieren (zwischen die Beine klemmen, zwischen Oberkörper und Beine klemmen, ...). Die Kinder, die nicht schwingen, sollen das schwingende Kind zu Beginn halten bzw. Bälle anreichen. Nach jeder Kokosnuss wird gewechselt. Die Aufgabe ist erfüllt, wenn alle Kokosnüsse zunächst auf die eine Seite, dann wieder zurück transportiert wurden.	**Zusätzliche Materialien:** 4 Kleinkasten, Bälle **Mögliche Wettbewerbsformen** • Welche der Schaukelringanlage schafft es schneller, alle Bälle hin- und herzutransportieren. • Welches Kind kann am meisten Bälle gleichzeitig transportieren.
Aufbau „Landezirkel" (Abb. 18) ***Station 1: Sprungbrett vor Niedersprungmatte*** ***Station 2: Kleinkasten vor Niedersprungmatte*** ***Station 3: 3-tlg. Kasten vor Niedersprungmatte – nur für die Doppelstunde***	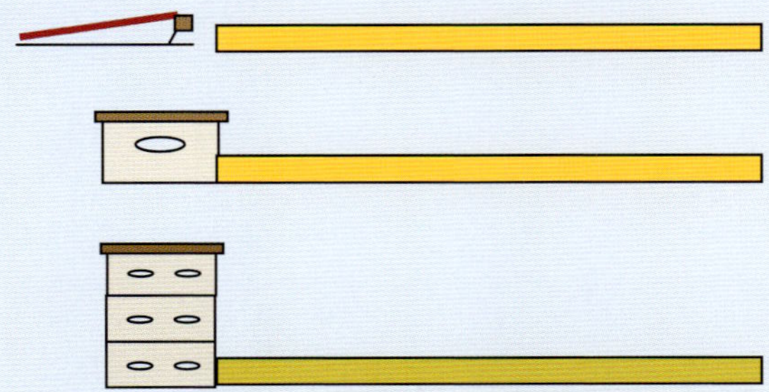 Abb. 18: Landezirkel
„Landezirkel" • Von einem Kleinkasten auf eine Niedersprungmatte springen. • Mit 3 Schritten Anlauf in ein Sprungbrett springen und beidbeinig auf einer Niedersprungmatte landen. • Von einem 3-tlg. Kasten auf eine Niedersprungmatte springen. Die Landungen sollen immer beidbeinig erfolgen. Die Kinder sollen darauf achten, dass sie mit dem ganzen Fuß, nicht nur auf dem Ballen oder auf der Ferse, landen. Die Arme werden entweder vor-hoch oder vor-tief geführt. Die Landung erfolgt mit leicht geöffneten Beinen, nicht die Knie oder Sprunggelenke gegeneinander klemmen. Die Lehrkraft achtet auf X-Beine oder O-Beine bei der Landung.	**Material:** 1 Sprungbrett, 1 Kleinkasten, ein 3-tlg. Kasten, 3 Niedersprungmatten oder 6 (blaue) Turnmatten. Die Kinder üben die Landungen parallel zum Matten-Zielsprung/Kokosnusstransport, da nicht alle Kinder gleichzeitig beschäftigt werden können. Die Landungen können erschwert werden, in dem die Kinder von den beiden Erhöhungen mit geschlossenen Augen abspringen und auf der Niedersprungmatte landen. Dabei sollen sie fühlen, ob sie mit dem gesamten Fuß landen.

Stundenabschnitte und Unterrichtsinhalte	Organisatorische Hinweise

Aufbau „Goldsuche" – *nur für die Doppelstunde*

Gestuften Barren in Armlänge vor die Reckanlage stellen. Reckstange in der Höhe befestigen, in der die Kinder im Kniehang noch auf den Boden gelangen. Einen Kleinkasten zwischen die Barrenholme, einen Kleinkasten oder einen 3-tlg. Kasten ans Ende des Barrenholms stellen (vgl. Abb. 19).

4

„Goldsuche"

Die Kinder haben Goldnuggets gefunden, die sie an einen sicheren Ort (Schatzkammer) bringen müssen.

Ein Kind hängt mit den Füßen an der Reckstange und nimmt sich vom Haufen ein Goldnugget, das es an das im Stütz wartende Kind am Barren weiter reicht. Das Kind am Barren greift das Nugget mit den Beinen und transportiert es durch Stützeln weiter an Kind 3, das auf dem Kasten wartet (vgl. Video 4). Seine Aufgabe ist es, das Nugget zur Ringeanlage zu transportieren und entweder an Kind 4 zu übergeben oder selber vom Kasten zum Ziel zu schwingen.

Die Kinder rücken nach jedem Durchgang eine Position weiter.

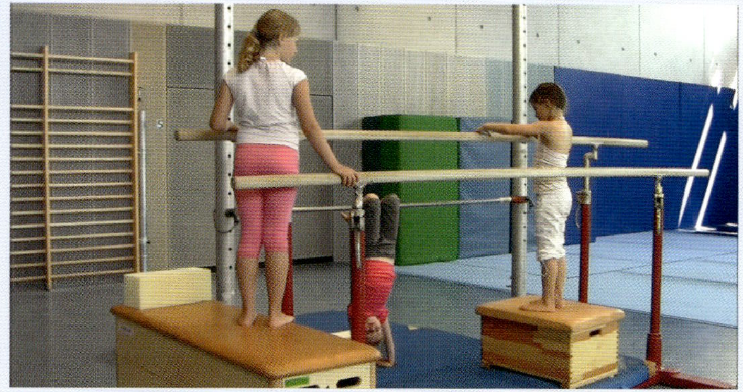

Abb. 19: Station Goldsuche

Stundenausklang

Schwung-Kickball

Die Kinder sollen durch Vor- und Zurücklaufen Schwung aufnehmen. Ein Mitspieler rollt beim zweiten (und dritten) Vorschwingen einen Schaumstoffball an eine zuvor markierte Stelle. Das schwingende Kind soll den Ball zu einem weiteren Kind kicken, das versucht, den Ball zu fangen und wieder zu Kind 1 zurückzurollen/werfen. Jedes Kind darf zwei Bälle nacheinander kicken (zweiter und dritter Vorschwung).

Hinweise

Die zuvor ans Ende gestellten Kleinkasten entfernen.

Da diese Aufgabe sehr schwer ist, werden die Kinder es noch nicht schaffen, den Ball so präzise zu kicken, dass dieser von einem weiteren Kind gefangen werden kann (zumal das Rollen schon schwer genug ist). Daher viele Bälle bereit legen und mehrere Kinder als Ballsammler verteilen, damit die Bälle nicht unkontrolliert in der Halle herum rollen.

6 Überschlagen

Um einen Überschlag (vorwärts, rückwärts oder seitwärts) turnen zu können, ist eine gute Körperspannung sowie ausreichend Stützkraft, Abstoßkraft in der Schulter und Beweglichkeit im Bereich Schulter/Brustmuskulatur notwendig. Das Ziel dieser ersten Stunde zum Überschlagen greift die konditionellen Voraussetzungen Körperspannung und Stütz-/Abstoßkraft im Sinne eines Grundlagentrainings auf, ohne bereits einen fertigen Überschlag zu fordern. Die Beweglichkeit wird im Rahmen der Aufwärmübungen mit berücksichtigt, jedoch nicht im Rahmen des Stundenschwerpunkts behandelt. Auch wenn im Verlauf der Stunde von den Kindern gefordert wird, über eine quer liegende Matte ein Rad zu schlagen, ist davon auszugehen, dass dies nur wenigen Kindern im Sinne eines turnerisch korrekten Rades gelingen wird. Die ersten Versuche und Erfahrungen damit legen Grundlagen für die weiteren Stunden.

Folgt man dem Bildungsplan Hamburg, so sollen die Kinder ihre konditionellen und koordinativen Fähigkeiten den Geräte- und Bewegungsanforderungen anpassen und diese erweitern. Räumliche Orientierung beim Beine hoch schwingen, kinästhetische Differenzierung beim Trampolinstütz, das richtige Anlauftempo und mit dem richtigen Fuß am Trampolin ankommen, kann den koordinativen Anforderungen, die in dieser Stunde enthalten sind, zugeordnet werden. Auch konditionelle Fähigkeiten, etwa die Verbesserung der Kraft in Form von Körperspannung finden wir im Bereich „Unterarmstütz“, beim „Rübenziehen“ im Ausklang, aber auch beim „Hochlaufen (an der Wand) in den Handstand“ wieder, bei Letzterem wird gleichzeitig die Stützkraft mittrainiert. Die Stützkraft findet sich in fast allen Aufgaben wieder, sodass hier ein starker Reiz gesetzt wird. Somit wird die Einheit bspw. auch dem Niedersächsischen Lehrplan gerecht, der u. a. das Halten und Stützen des Körpergewichts explizit benennt.

Beim Aufwärmspiel wird bereits neben der allgemeinen Erwärmung der erste Reiz in Richtung Stundenziel gesetzt. Insbesondere die gefangenen Kinder erfüllen als „Verletzte“ diese Vorgabe. Hier spielt die eigenständige Umsetzung eine besondere Rolle, da die Kinder selbst herausfinden sollen, in welcher Stützposition sie am besten transportiert werden können. Das folgende Grundlagentraining an den Stationen führt nach und nach zum Überschlag seitwärts (Rad). Das „Hockwenden“ an Station 1 bringt die Kinder dazu, die Beine höher zu führen und dabei länger zu stützen. Beim „Wilden Stier“ sowie dem „Federn mit dem Minitramp“ erfolgt ein Beinrückschwung, der u. a. beim Handstützüberschlag vorwärts notwendig ist, gleichzeitig wird die Stützkraft trainiert. An der Trampolinstation positioniert sich die Lehrkraft, um für die notwendige Sicherheit zu sorgen. Das Stützeln um die kleinen Kästen erfordert erneut Stützkraft und Körperspannung, wie auch das „Hochlaufen in den Wandhandstand“. Der Unterarmstütz im „Slalomparcours“ trainiert wie bei den Stabilisierungsübungen des Fitnesssports noch einmal die Körperspannung.

Der Stundenausklang greift demgegenüber mehr die Körperspannung und Motivation aufgrund des Wetteiferns auf. Bewusst erfolgt beim „Rübenziehen“ eine Gegenbewegung zu den zahlreichen Stützpositionen.

Benötigte Materialien

- 2 Turnbänke
- 4 kleine Kästen
- 2 Weichbodenmatten
- 1 Kasten (5-teilig)
- 1 Minitramp
- 4 (blaue) Matten
- 6–12 Hütchen
- 4 Teppichfliesen

Stundenverlauf Stunde 6: *Überschlagen*

<table>
<tr><th>Stundenabschnitte und Unterrichtsinhalte</th><th>Organisatorische Hinweise</th></tr>
<tr><td colspan="2">Aufwärmphase</td></tr>
<tr><td>Sanitäterfange

Alle Kinder verteilen sich um die Weichbodenmatte, daraufhin werden 3 Fänger und 3 Sanitäter bestimmt. Wer gefangen wurde, ist verletzt und muss sich hinsetzen. Einer der Sanitäter kommt mit einer Teppichfliese und muss den Verletzten zur Weichbodenmatte schieben. Danach ist man wieder geheilt und kann von den Fängern gefangen werden.</td><td>Hinweise
• 1 Weichbodenmatte (Krankenhaus) in der Mitte der Halle
• 3 Fänger
• 3 Sanitäter

Je nach Schülerzahl kann die Anzahl der Fänger und Sanitäter variieren. Es dient dazu die Stunde mit dem Schwerpunkt Stützen einzuleiten.

Die „verletzten“ Kinder sollen verschiedene Stützpositionen testen, mit denen sie abtransportiert werden. Welche Position ist am effektivsten?</td></tr>
<tr><td>Dehnübungen

Dehnübung 1: Oberschenkelrückseite/rückwärtige Beinschlinge

Dehnübung 3: Innenseite Oberschenkel

Dehnübung 4: Schulter/Oberarmrückseite/Arm-Rumpf-Winkel

Dehnübung 9: Partnerübung Schulter</td><td>Kräftigung/Rumpfstabilisation

Kräftigungsübung 1: Schiffchen (vor- & rückwärts)</td></tr>
<tr><td colspan="2">Übungsphase</td></tr>
<tr><td>Aufbau</td><td>Gemeinsamer Aufbau der Stationen mit den Kindern</td></tr>
<tr><td>Station 1: „Turnbänke“
2 Turnbänke quer zur Laufrichtung.

Station 2: „Wilder Stier“
2 (blaue) Turnmatten hintereinander, alternativ Rollmatte.</td><td></td></tr>
</table>

Stundenabschnitte und Unterrichtsinhalte	Organisatorische Hinweise

Station 3: „Liegestützkreisel“
4 kleine Kästen.

Station 4: „Wandhandstand“
2 (blaue) Turnmatten an der Wand.

Station 5: „Trampolinstütz“ (vgl. Abb. 20) – nur für die Doppelstunde
Minitramp vor einem 5-tlg. Kasten, dahinter Weichbodenmatte.

Station 6: „Slalomparcours“
Slalomparcours mit 8–10 Hütchen.

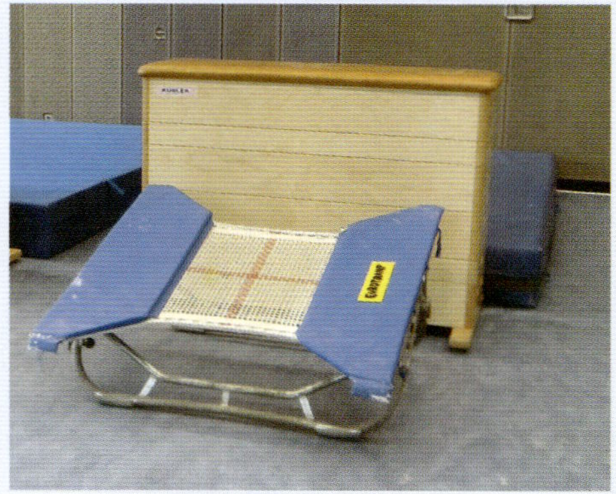

Abb. 20: Station 5 „Trampolinstütz“

Stationsbetrieb

Die Kinder sollen in Pärchen durch den Parcours gehen.

Durchgang 1

Station 1: „Turnbänke“

Hockwenden, dabei so stützen, dass die Beine etwas länger in der Luft bleiben.

Station 2: „Wilder Stier“

Im Liegestütz auf der Matte wird mit den Beinen in die Luft ausgeschlagen. → „Wilder Stier“ (vgl. Abb. 21)

Station 3: „Liegestützkreisel“

Die Beine sollen auf einen Kasten gelegt werden und die Hände am Boden (Liegestützposition). Die Kinder sollen im Stütz rundherum laufen.

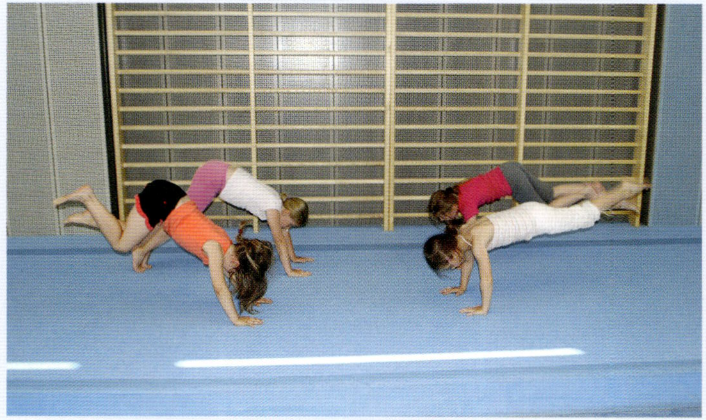

Abb. 21: Wilder Stier

Stundenabschnitte und Unterrichtsinhalte	Organisatorische Hinweise

Station 4: „Wandhandstand“

Die Kinder stehen mit dem Rücken zur Wand, greifen mit den Händen auf den Boden und laufen mit den Füßen die Wand hoch. Es soll dabei ein Handstand angedeutet und bis 10 gezählt werden (vgl. Abb. 22). Anschließend abrollen (siehe Stunde 1: Rollen).

Station 5: „Trampolinstütz“ – nur für die Doppelstunde

Die Kinder federn auf dem Trampolin und bleiben dabei mit den Händen auf dem Kasten. Die Stützposition soll angedeutet werden. Es sollen ungefähr 10 Wiederholungen absolviert werden. Je nach Schüleranzahl kann auch eine zweite Station aufgebaut werden.

Station 6: „Slalomparcours“

Ein Kind stützt mit den Unterarmen auf einer Teppichfliese und wird in der Schubkarrenposition vom Partner durch den Parcours geschoben. (Unterarmstütz ist einem Stütz im Liegestütz vorzuziehen, da die Handgelenke bereits zahlreiche Stützpositionen halten müssen).

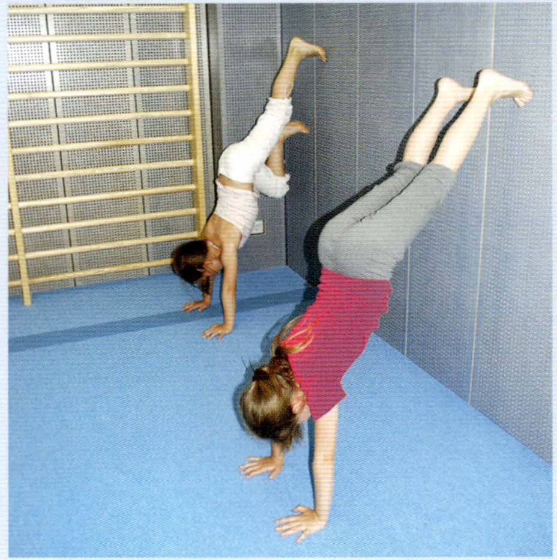

Abb. 22: Wandhandstand

Zusätzliche Materialien: 4 Teppichfliesen.

Durchgang 2 – *nur für die Doppelstunde*

Station 1: „Turnbänke“

Rad mit höheren Beinen.

Station 2: „Wilder Stier“

Wilde Stiere mit geschlossenen Beinen.

Station 3: „Liegestützkreisel“

Stütz mit den Beinen und Händen auf zwei kleinen Kästen.
Der Partner taucht 5-mal unten durch, dann wird gewechselt.

Stundenabschnitte und Unterrichtsinhalte	Organisatorische Hinweise
Station 4: „Wandhandstand“ wird zu „Radschlagen“ Matten von der Wand wegziehen. Die Kinder sollen quer über die Matte ein Rad schlagen, in dem nur die Hände auf der Matte aufsetzen. (Bei dieser Station geht es primär darum, dass die Kinder nur mit den Händen die Matte berühren, mit den Füßen möglichst dahinter aufkommen. Wenn wegen der Kante zwischen Matte und Boden Bedenken bestehen, kann eine Matte quer, die andere längs gelegt werden. Die Füße dürfen dann erst auf der längs liegenden Matte aufkommen. ***Station 5: „Trampolinstütz“*** Wie oben im Stützen federn, nach dem fünften Mal Federn erfolgt eine Hockwende über den Kasten. ***Station 6: „Slalomparcours“*** Ein Kind sitzt auf einer Teppichfliese und wird von einem anderen Kind im Slalom durch die Station geschoben.	
Stundenausklang	
Gemeinsamer Abbau und ein kleines Abschlussspiel.	
Rübenziehen Alle Kinder legen sich in einem Kreis mit dem Bauch auf den Boden und halten sich dabei an den Händen. Es werden 2 Gärtner bestimmt, die – durch an den Füßen ziehen – versuchen müssen, Kinder vom Kreis zu lösen. Gewinner und neue Gärtner sind die letzten zwei verbliebenen Kinder.	

7 Springen mit dem Minitramp

Das Minitramp gehört zu den beliebtesten Turngeräten. Der hohe Aufforderungscharakter birgt jedoch Gefahren, etwa für den Hinterkopf (Rückfallen nach der Landung), die unteren Extremitäten (Landungen, Einsprung) oder für den Nacken (Rollen mit überstrecktem Kopf; falsche Saltibewegungen). Diese zu kennen und ihnen entgegenzuwirken ist Aufgabe der Lehrkraft.

Beim Einspringen ist darauf achten, dass die Kinder mit beiden Füßen gleichzeitig auf das Tuch kommen, um ein seitliches Umknicken zu vermeiden. Deshalb wurde auch der Einsprung mit Hilfe einer erhöhten Anlaufbahn (Turnbänke) vereinfacht. Um Stauchungen an der Wirbelsäule zu vermeiden, sollten die Kinder eine natürliche Körperhaltung beibehalten (kein Hohlkreuz). Landungen sind von der Lehrkraft dahingehend zu sichern, dass die Kinder nicht rückwärts fallen und sich dabei am Minitramp den Kopf anschlagen (vgl. Frenger & Peper, 1977; Richter, 1999).

In der Luft stellen v. a. Rotationen eine nicht unerhebliche Gefahr dar. So kann bspw. eine Rotation um die Körperlängsachse (½-Drehung) dazu führen, dass bei der Landung die Füße nicht gerade aufsetzen und Drehbewegungen entweder Fuß- oder Kniegelenk verletzen. Eine Drehung um die Körperbreitenachse (Rolle vorwärts, Salto) dagegen erschwert die Orientierung, so dass die Gefahr einer Stauchung der Wirbelsäule besteht. Für Rotationen um die Breitenachse ist es notwendig, dass sowohl die Kinder (etwa Rollen auf dem Boden und mit Sprungbrett) als auch die Lehrkraft (etwa mit der entsprechenden Hilfestellung) erste Erfahrungen haben.

Zu beachten sind richtige Landematten. Die (blauen) Turnmatten sind hierzu keinesfalls geeignet. Besser eignen sich Weichbodenmatten oder Niedersprungmatten, wobei die Niedersprungmatten vorzuziehen sind, obwohl in den meisten Sportstunden Weichbodenmatten verwendet werden. Aber die Gefahr des Umknickens ist bei Weichbodenmatten größer, die Absorbtion der wirkenden Kräfte spielt dagegen bei den Kindern und ihrer geringen Sprunghöhe noch keine so große Rolle. Um die Höhe zwischen Trampolin und Landefläche zu reduzieren, kann eine Erhöhung der Landefläche durch zwei Weichbodenmatten übereinander (Achtung, Rutschgefahr) oder mehreren Kastenoberteilen (mind. drei je Weichbodenmatte) oder zumindest (blauen) Turnmatten oder Niedersprungmatten hilfreich sein.

Das Aufwärmen in dieser Stunde hat keinen direkten Bezug zum Stundenthema, sondern soll lediglich das Herz-Kreislauf-System vorbereiten. Eine Wiederholung des Sprung- und Landezirkels (vgl. Stunde 5) wurde bewusst vermieden, um den Geräteaufwand gering zu halten.

Im Hauptteil der Stunde sollen die Kinder mittels einfacher Sprünge Erfahrungen mit dem Springen und Landen sammeln. Um Gefahren zu reduzieren und die Konzentration auf das Springen und Landen (statt Einspringen) zu lenken, wurde der Anlauf erhöht. Damit die Kinder auf dem Rückweg zum Anlauf beschäftigt sind und viel Bewegung in der Stunde möglich ist, werden verschiedene Aufgaben (teilweise Wiederholungen) in einer Reifengasse und auf Turnmatten durchgeführt.

Der Ausklang ermöglicht den Kindern, individuell ihre Leistung im „Hochspringen“ zu testen, wobei das gehaltene Seil zur Sicherheit beitragen soll (leicht halten, loslassen).

Hinweis: Trampolin springt man ohne Schuhe. Die Gefahr, bei der Landung umzuknicken, ist mit Schuhen deutlich größer. Allerdings besteht in der Grundschule das Problem, dass die Kinder keine expliziten Trampolinsocken/-schläppchen haben. Barfuß springen ist nur dann eine Lösung, wenn das Minitramp mit einem Ganzperlontuch ausgestattet ist. Sind es dagegen Nylonbänder, ist davon aus Verletzungsgründen dringend abzuraten. Bleiben die Socken als Option übrig, die jedoch oft sehr rutschig sind – daher die Kinder frühzeitig für den Turnunterricht generell Stopper-Socken oder einfache Schläppchen mitbringen lassen.
Kurz:
- Ganzperlontuch: Stoppersocken, Schläppchen oder barfuß
- Tuch aus Nylonbändern: Stopper-Socken oder Schläppchen

Benötigte Materialien

- Langes Seil oder 3–4 aneinander geknotete Springseile
- 8–12 (blaue) Turnmatten
- 2 Weichbodenmatten
- 12–15 Gymnastikreifen/Fahrradreifen
- 4 Turnbänke
- 2 Minitramps
- Kreppklebeband
- Bananenkiste oder Schwimmnudel
- 4 Kästen (5-teilig)

Stundenverlauf Stunde 7: *Springen mit dem Minitramp*

Stundenabschnitte und Unterrichtsinhalte	Organisatorische Hinweise
Aufwärmphase	
Schwingendes Seil Ein großes Springseil wird mit einer Seite an der Sprossenwand befestigt, auf der anderen Seite schwingt die Lehrkraft langsam und gleichmäßig das Seil. Die Kinder rennen hintereinander unter dem Seil durch. **Aufgaben** 1. Alleine einzeln unter dem schwingenden Seil durchrennen. 2. Mit einem Partner unter dem schwingenden Seil durchrennen (an der Hand festhalten). 3. Zu dritt unter dem schwingenden Seil durchrennen. 4. Alleine unter dem Seil durchlaufen, dabei in der Mitte stoppen und einmal über das schwingende Seil springen.	**Material:** Langes Seil oder 3–4 aneinander geknotete Springseile (geknotete Seile nur als Notlösung, denn der Knoten schmerzt, wenn die Kinder am Seil hängen bleiben) **Hinweis:** Die Lehrkraft kann zwischen „zu den Kindern hin schwingen" oder „von den Kindern weg schwingen" variieren.
Dehnübungen Dehnübung 5: Gesäßmuskulatur Dehnübung 6: Wadenmuskulatur Dehnübung 7: Mobilisation Wirbelsäule Dehnübung 8: Hüftbeuger	***Kräftigung/Rumpfstabilisation*** Kräftigungsübung 2: Unterarmstütz seitlich (rechts & links) Kräftigungsübung 3: Liegestützposition
Aufbau Minitramp-Sprunganlagen Es werden zwei identische Minitramp-Sprunganlagen unter der Leitung der Lehrkraft aufgebaut (vgl. Abb. 23). Jeweils 2 Turnbänke (nebeneinander) vor Minitramp, vor Weichbodenmatte, vor 2 (blauen) Turnmatten. Rückweg: jeweils 6–7 Gymnastikreifen vor 2 (blauen) Turnmatten	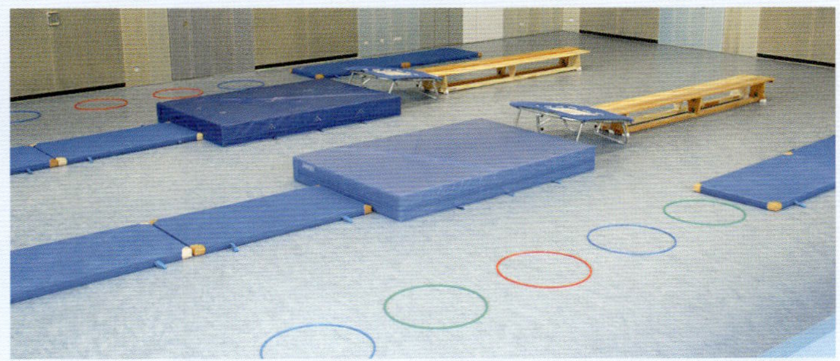 Abb. 23: Minitramp-Sprunganlagen

<table>
<tr><th>Stundenabschnitte und Unterrichtsinhalte</th><th>Organisatorische Hinweise</th></tr>
<tr><th colspan="2">Übungsphase</th></tr>
<tr><td>„Springen mit dem Minitramp“

Die Kinder verteilen sich an beiden Sprunganlagen und führen unterschiedliche Übungen mit dem Minitramp aus:
1. Anlaufen, beidbeiniger Absprung, Strecksprung, beidbeinige Landung.
2. Strecksprünge mit Landung auf einer „Landezone“ die mit Kreppklebeband auf die Weichbodenmatte geklebt wird (Viereck mit 50 cm x 50 cm).
3. Hocksprung.
4. Grätschsprung.
5. Strecksprung, beidbeinige Landung, Rolle vorwärts auf der Weichbodenmatte.
6. Über ein Hindernis springen (Bananenkiste, Schwimmnudel oder ein locker gehaltenes Seil).
7. Strecksprung mit ½-Drehung.

Die folgenden Zwischenübungen können in der Zwischenstation auf dem Weg zurück durch die Reifen durchgeführt werden:
1. Durchlaufen aber jeder Fuß muss einmal in dem Reifen aufkommen
2. Auf einem Bein springen
3. Auf dem anderen Bein springen
4. Rückwärts durchlaufen
5. Rückwärts einbeinig springen
6. Beidbeinig durch die Reifen springen (Strecksprünge)
7. Strecksprünge rückwärts

Die folgenden Zwischenübungen können in der Zwischenstation auf dem Weg zurück über die (blauen) Turnmatten durchgeführt werden:
1. Baumstammrollen (Seitwärtsrolle)
2. Rolle vorwärts</td><td>Gerätebedarf
8–12 (blaue) Turnmatten
2 Weichbodenmatten
12–15 Gymnastikreifen/Fahrradreifen
4 Turnbänke
2 Minitramps

Hinweise
Neben den Sprunganlagen befinden sich noch (als „Zwischenübung“) eine Reifenstation und eine Turnmattenstation. Somit ist der Ablauf für die Kinder immer der folgende Wechsel:
Sprunganlage → Zwischenübung → Anstellen → Sprunganlage

Sind genügend Matten oder Kastenoberteile vorhanden, kann die Landefläche, wie in der Einleitung beschrieben, erhöht werden.</td></tr>
</table>

Stundenabschnitte und Unterrichtsinhalte	Organisatorische Hinweise

3. Strecksprünge vorwärts
4. Strecksprünge rückwärts
5. Strecksprung, Hocksprung, Grätschsprung
6. Rolle vorwärts, Strecksprung, Rolle vorwärts,...
7. Rolle vorwärts, Strecksprung mit ½-Drehung, nochmals Strecksprung mit ½-Drehung, Rolle vorwärts, ...

Aufbau „Blauer Elefant" – *nur für die Doppelstunde*

Eine der beiden Sprunganlagen wird zu einem „blauen Elefanten" umgebaut: Die Weichbodenmatte wird mit drei 3-tlg. Kästen unterlegt, sodass nach dem Absprung weiter nach oben auf den blauen Elefanten hinauf gesprungen werden muss (vgl. Abb. 24).

Die zweite Sprunganlage kann ebenfalls variiert werden, indem ein 5-tlg. Kasten zwischen Minitramp und Weichbodenmatte gestellt wird. An dieser Station sollte die Lehrkraft zunächst Hilfe- dann Sicherheitsstellung geben.

„Blauer Elefant"

Identische Aufgaben, jetzt auf den „Blauen Elefanten" hoch turnen.

1. Anlaufen, beidbeiniger Absprung, Strecksprung, beidbeinige Landung.
2. Strecksprünge mit Landung auf einer „Landezone", die mit Kreppklebeband auf die Weichbodenmatte geklebt wird (Viereck mit 50 cm x 50 cm).
3. Hocksprung.
4. Grätschsprung.
5. Strecksprung, beidbeinige Landung, Rolle vorwärts auf der Weichbodenmatte.
6. Über ein Hindernis springen (Bananenkiste, Schwimmnudel oder ein locker gehaltenes Seil).
7. Strecksprung mit ½-Drehung.

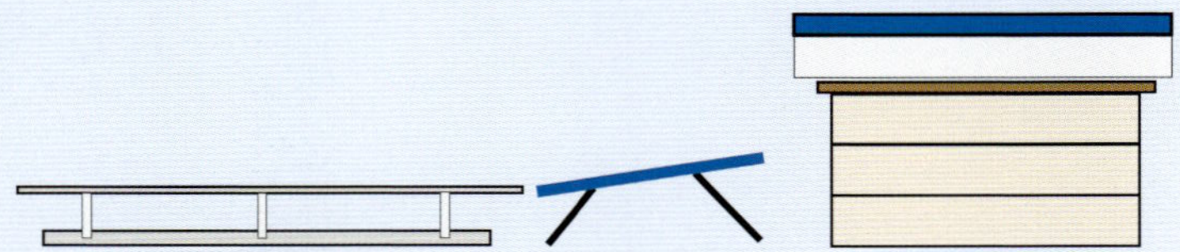

Abb. 24: Blauer Elefant

Zusätzliches Material: Vier 5-tlg. Kästen.

Hinweise

Je nach Klasse muss entschieden werden, ob erste Versuche einer Rolle auf den blauen Elefanten nach Absprung vom Minitramp möglich sind. Dies ist jedoch nur dann sinnvoll, wenn genügend Stützkraft vorhanden ist und das Abrollen auf dem Boden von den Kindern sicher beherrscht wird. Es sollte dabei zu Beginn des Abrollens nicht die Hüfte gebeugt werden oder die Beine zu schnell angehockt werden, damit sich die Kinder keine Zähne ausschlagen.

Hinweis an die Kinder

- „Kinn auf die Brust".
- Saltorotationen sind auf keinen Fall erlaubt.

Stundenabschnitte und Unterrichtsinhalte	Organisatorische Hinweise
Aufgaben Zweite Sprunganlage 1. Auf den Kasten aufhocken und dann mit einem Strecksprung hinunterspringen. 2. Seitlich auf den Kasten aufhocken und mit einem Strecksprung, Hocksprung oder mit ½-Drehung hinunterspringen. 3. Seitliches Überspringen des Kastens (Hockwende).	Werden Rollen auf den „blauen Elefanten“ geturnt, ist eine Sicherung gegen eine überstreckte Halswirbelsäule durch die Lehrkraft notwendig. Entsprechend sollte die andere Station von den dort springenden Kindern sicher beherrscht werden oder nur über das Trampolin auf den Turnkasten gestiegen werden und mit einem einfachen Strecksprung abgesprungen werden. Hilfestellung bei Flugrolle: die Lehrkraft greift mit einer Hand an den Nacken/Hinterkopf der Kinder und unterstützt das Einrollen des Kinns auf die Brust.
Stundenausklang	
„Hochsprung mit dem Minitramp“ Für den Stundenausklang wird zunächst noch nicht abgebaut. Alle Kinder stellen sich an einer der beiden Sprunganlagen an. Ein Sprungseil wird über die Weichbodenmatte (nahe am Minitramp) gehalten, sodass „Hochspringen“ mit Strecksprüngen geübt werden kann. Danach erfolgt der gemeinsame Abbau.	**Hinweise** Die Lehrkraft kniet sich an den Rand der Weichbodenmatte (direkt am Minitramp) und ein Kind kniet als Helfer gegenüber. Die beiden halten ein Sprungseil über die Weichbodenmatte, über das die anderen Kinder springen sollen. Vor dem Anlaufen schätzen die springenden Kinder (mittels Zuruf „Höher!“ oder „Tiefer!“) selbst ein, wie hoch sie springen möchten. Bleibt ein Kind mit den Füßen im Seil hängen, muss die Lehrkraft (und wenn möglich das helfende Kind) das Seil loslassen. Die Lehrkraft sollte bei dieser Steigerungsform der Sprunghöhe besonders darauf achten, dass kein Kind zurück fällt und sich den Kopf anschlägt.

8 Bewegungsparcours

Der Aufforderung der Bildungspläne Baden-Württembergs oder Nordrhein-Westfalens nachkommend, wird Stunde 8 den Kindern die Möglichkeit geben, ein Repertoire an Bewegungsformen, das bereits entwickelt wurde, nochmals in einem Bewegungsparcours anzuwenden, zu variieren, spielerisch zu erproben und zu gestalten. Mit Geräten und Materialien wird eine Bewegungslandschaft gebaut und an dieser experimentiert. Hier greift das Konzept von Funke-Wienecke (1989) in Bezug auf Turnen als Deuten. Gleichzeitig werden erneut alle bei Laging aufgeführten Bewegungsgruppen aufgegriffen.

Die Stunde 8 soll möglichst viele Elemente der vorherigen sieben Stunden aufgreifen. Im Zentrum steht eine Gerätelandschaft, die vielfältige Bewegungen ermöglicht. Da der Aufbau sehr aufwändig ist, bietet es sich an, diese Stunde mit zwei Zielsetzungen in zwei aufeinanderfolgenden Stunden aufzubauen oder mit einer anderen Klasse gemeinsam zu nutzen. Eine Einzelstunde ist für den Bewegungsparcours eher ungeeignet, da der Aufbau zu viel Zeit einnimmt. Aus diesem Grund wird auch gänzlich auf Dehn- und Kräftigungsübungen verzichtet.

Nach dem Aufbau erfolgt ein kurzes Aufwärmspiel, bevor die Kinder die Station nach eigenem Interesse erkunden und erproben sollen. Es gibt keine Bewegungsvorgaben, lediglich den anfänglichen Hinweis, dass sie versuchen sollen, möglichst viele der bisher kennengelernten Bewegungsmuster (Rollen, Springen, Balancieren, Drehen, Schwingen, Überschlagen, Klettern) anzuwenden, sowie eigene neue Ideen umzusetzen. Für die Lehrkräfte sind im Stundenbild dennoch ein paar Bewegungsideen genannt, falls Impulse gesetzt werden sollen.

Der Stundenausklang findet in Form einer Gruppenaufgabe statt. Dies kann anstelle des Ausklangs in einer Folgestunde am baugleichen Parcours durchgeführt werden. Für eine „Seilschaft" werden vier bis sechs Kinder mit einem entsprechend langen Seil (Sprungseile) miteinander „verbunden" und müssen die Bewegungslandschaft immer in der „Seilschaft" durchlaufen, ohne sich von ihr zu trennen (mit Ausnahmen z. B. beim Tau, Sprungbrett). Die Seile sollen dabei nicht festgebunden werden sondern entweder mit der Hand festgehalten, oder in den Hosenbund gesteckt werden, damit beim evtl. Fallen eines Kindes niemand verletzt wird und am Tau bzw. Sprungbrett die Seilschaft schnell gelöst werden kann. Der „Seilschaftsführer" sollte im Verlauf immer wieder wechseln. Bei dieser Gruppenaufgabe spielt nicht nur Kreativität eine Rolle (wie schaffen wir das gemeinsam), es wird vielmehr neben der notwendigen Kommunikation das soziale Miteinander gefördert.

Benötigte Materialien

- 1 Sprossenwand
- 3 Turnbänke
- 3–4 Kästen (5-teilig)
- 3 kleine Kästen
- 2–3 Barren
- 1 Reckanlage
- 1 Übungsschwebebalken
- 5 Weichbodenmatten oder Niedersprungmatten
- 13 (blaue) Turnmatten
- 1 Sprungbrett
- 1 Tauanlage
- 10–15 Gymnastikseile
- 10 Hütchen (Pylone)

Stundenverlauf Stunde 8: *Bewegungsparcours*

Stundenabschnitte und Unterrichtsinhalte	Organisatorische Hinweise
Aufwärmphase	
Vor dem Aufwärmen bauen je vier Kinder mit Hilfe der Lehrkraft eine Station auf. ***Station 1: „Der Abhang" (vgl. Abb. 25)*** Die Turnbänke werden in die ausgeklappte Sprossenwand eingehängt und am Ende der Turnbänke drei (blaue) Turnmatten zur Absicherung gelegt. Die Seile werden auf der gegenüberliegenden Seite am obersten Holm der Sprossenwand festgebunden. Befindet sich keine aufklappbare Sprossenwand in der Halle, kann eine Doppelfeld-Sprossenwand verwendet werden. Dabei kann der Aufstieg nicht hinter der schiefen Ebene durchgeführt werden, sondern seitlich davon.	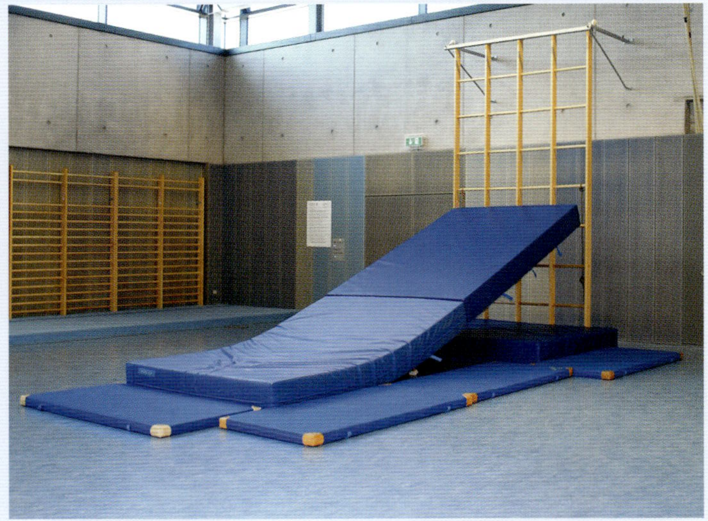 Abb. 25: Der Abhang **Material:** 3 Turnbänke, 2 Weichbodenmatten, 7 (blaue) Turnmatten, (ausklappbare) Sprossenwand oder Gitterleiter.

Station 2: „Die Gletscherspalte“ – nur für die Doppelstunde

Das Grundgerüst der Gletscherspalte bilden zwei Barren, die parallel zueinander aufgestellt werden. Die äußeren Holme sind jeweils höher eingestellt als die inneren. Auf die beiden Barren wird je eine Weichbodenmatte so gelegt, dass sie in der Mitte zusammentreffen und eine Spalte bilden. Als zusätzliche Kletterhilfe können Sprungseile am oberen Holm angebunden werden und über die Weichbodenmatte herunterhängen. Es kann eine Auf- und Abstiegshilfe an den Barren angebracht werden (eine eingehängte Turnbank oder ein Sprungkasten).

Varianten/Alternativen (vgl. Abb. 26)

Alternative 1: Die inneren Holme werden höher als die äußeren gestellt und die WBM v-förmig dazwischen gestellt. Die äußeren, niedrigeren Holme bieten Befestigungsmöglichkeiten für Seile und dienen als Auf- und Abgang.

Alternative 2: Da für Station 5 auch noch ein Barren gebraucht wird, kann man bei der Gletscherspalte einen Barren durch eine Reckanlage ersetzen. Hier braucht man zwei angebrachte Reckstangen, die den Aufstieg bilden. Die erste WBM lehnt schräg gegen das Reck, die zweite WBM dann gegen einen Barren. Dieser Aufbau kann noch erweitert werden, indem beide Reckanlagen aufgebaut werden und zunächst noch von der einen auf die andere herüber geklettert werden muss, über der die WBM liegt.

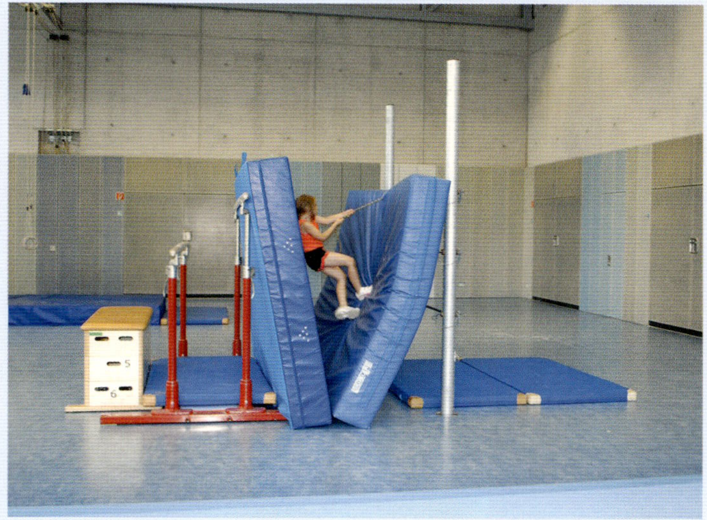

Abb. 26: Die Gletscherspalte (Alternativaufbau 2 mit Reckanlage)

Material: 2 Barren (oder 1 Barren, 1 Reckanlage mit 2 Reckstangen), 2 Weichbodenmatten, 3 (blaue) Turnmatten, ein 3-tlg. Kasten, 1–2 Gymnastikseile

Stundenabschnitte und Unterrichtsinhalte	Organisatorische Hinweise

Station 3: „Der schmale Grat" (vgl. Abb. 27) – nur für die Doppelstunde

Unter die Tauanlage wird eine Weichbodenmatte quer gelegt. An den Längsseiten wird jeweils ein 4-tlg. Kasten positioniert. Dahinter liegt eine (blaue) Turnmatte, auf der vorderen Seite steht ein Kleinkasten, davor ein Übungsschwebebalken mit Hindernissen. In der Mitte des Schwebebalkens steht ein größeres Hindernis (Felsbrocken), daneben als Ausweichstelle ein Kastenoberteil.

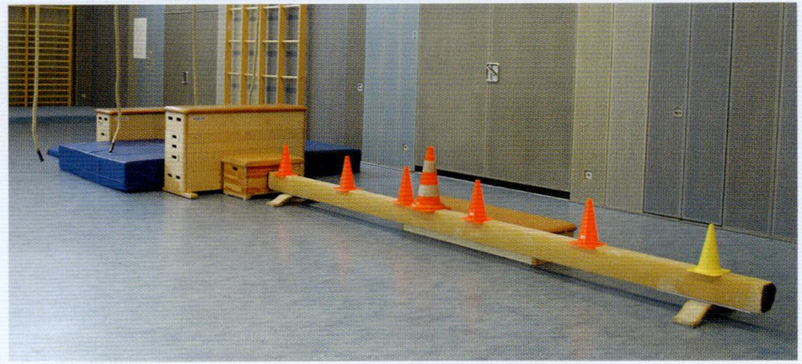

Abb. 27: Der schmale Grat

Material: 1 Übungsschwebebalken (oder eine Turnbank), 1 Kastenoberteil, 1 Kleinkasten, zwei 4-tlg. Kästen, 1 Weichbodenmatten, 1 (blaue) Turnmatte, 1 Tauanlage, 6-8 Pylone oder Medizinbälle.

Station 4: „Der Abgrund" (vgl. Abb. 28)

Das Landeziel wird auf den (blauen) Turnmatten ausgelegt, ca. 1–1,5 m vom Sprungbrett entfernt.

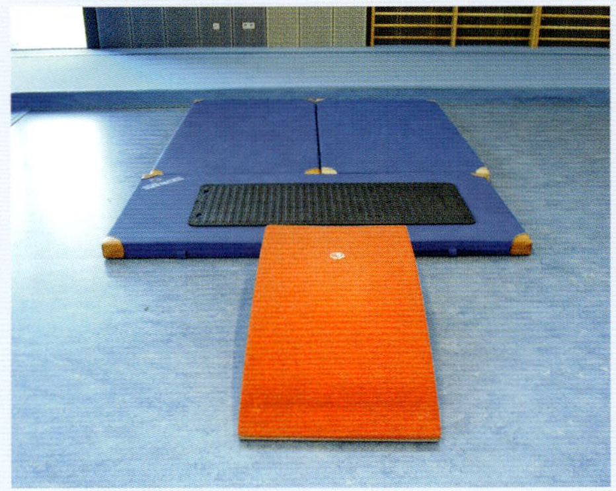

Abb. 28: Der Abgrund

Material: 3 (blaue) Turnmatten, 1 Gymnastikmatte, 1 Sprungbrett.

Stundenabschnitte und Unterrichtsinhalte	Organisatorische Hinweise

Station 5: „Der Holmenkollen“ (vgl. Abb. 29)

Bei einem Barren werden die beiden Holme so eingestellt, dass sie unterschiedlich hoch sind. Ein 5-tlg. Kasten wird an einem Ende des „Holmenkollens“ als Aufstiegshilfe aufgestellt. Alternativ zum Kasten können zwei Kleinkästen verwendet werden, einer davon hochkant.

Erschwernis:
Die beiden Holme werden zusätzlich gegenläufig schräg zueinander gestellt, so dass an jedem Ende eine hohe und eine niedrige Seite vorhanden ist (die Barrenholme sehen dann von vorne wie ein X aus).

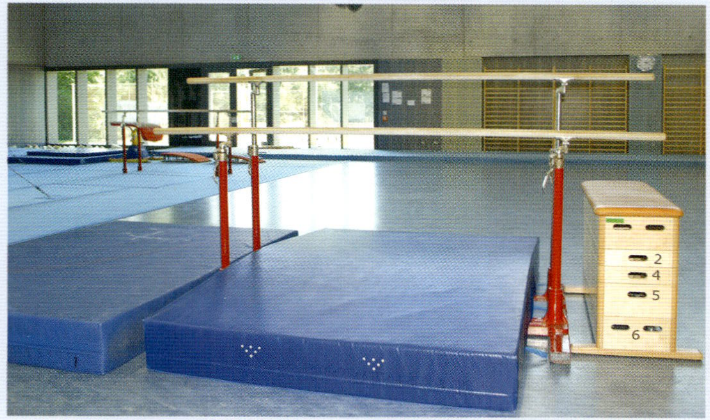

Abb. 29: Der Holmenkollen

Tierimitation

Die Kinder laufen um die Geräte herum und sollen verschiedene Laufaufgaben erfüllen (vorwärts, rückwärts, seitwärts, Hopserlauf). Auf ein Zeichen der Lehrkraft sollen alle Kinder ein zu den Stationen passendes Tier nachspielen:

- Abhang: wie Bergziegen über Felsen hüpfen.
- Gletscherspalte: Schleichen wie ein Schneeleopard.
- Schmaler Grat: ganz leise auf einer Linie balancieren wie eine Katze auf einem Ast.
- Abgrund: Springen und heulen wie ein Wolf.
- Holmenkollen: Rennen wie ein Rentier (Hände bilden Geweihe, dabei brüllen).

Material: 1 Barren, 2 Weichbodenmatten, ein 5-tlg. Kasten (oder 2 Kleinkasten)

<table>
<tr><th>Stundenabschnitte und Unterrichtsinhalte</th><th>Organisatorische Hinweise</th></tr>
<tr><th colspan="2">Übungsphase</th></tr>
<tr><td>
Die Kinder verteilen sich an den Stationen, sie sind jedoch nicht an „Gruppen“ gebunden, sondern können selbst entscheiden, an welcher Station sie welche Bewegungsaufgabe lösen möchten.
Station 1: „Der Abhang“
Die Kinder klettern über die Seile zur schiefen Ebene hinauf und rollen, rutschen, purzeln über die schiefe Ebene herunter.
Station 2: „Die Gletscherspalte“ – nur für die Doppelstunde
Die Kinder überwinden die Gletscherspalte.
Station 3: „Der schmale Grat“ – nur für die Doppelstunde
Der schmale Grat beinhaltet eine Balancieraufgabe über den Schwebebalken, der Aufstieg erfolgt dabei über einen kleinen Kasten. Der 5-tlg. Kasten parallel zum Schwebebalken fungiert als Ausweichstelle, da das Laufen über den Balken durch ein Hindernis („Felsbrocken“) unterbrochen ist. Dazu muss ein großer Schritt über den Abgrund gemacht werden. Vom Sprungkasten am Ende des Grats können sich die Kinder ein Tau aus der Tauanlage herziehen und über einen Abgrund auf einen dahinter stehenden Sprungkasten schwingen.
Station 4: „Der Abgrund“
Der Abgrund wird mit einem Sprungbrett übersprungen.
Station 5: „Der Holmenkollen“
Die Kinder erklimmen den „Holmenkollen“ über den Kasten, balancieren über einen Holm (der andere Holm dient als Abstützmöglichkeit) und springen am anderen Ende des „Holmenkollens“ auf die Weichbodenmatte. Zusätzlich können sie eigene Bewegungsideen an der Station umsetzen, z. B. am hohen Holm entlang hangeln o. Ä.
</td><td>
Hinweise
Alle Stationen können ohne Hilfestellung durchgeführt werden, sodass die Lehrkraft von Station zu Station wechseln kann. Dabei sollte v. a. auf die Sprunganlage geachtet werden, um zu hohe oder weite Sprünge der Kinder zu vermeiden.
Bei Station 1 können auch Teppichfliesen o. Ä. als Rutschhilfe bereit gestellt werden. Alternativ können die Bänke sehr hoch eingehängt und die Station in umgekehrter Reihenfolge durchlaufen werden.
Bei Station 2 sollte darauf geachtet werden, dass die Weichbodenmatten immer wieder richtig gestellt werden, da sie sich beim Klettern verschieben können.
</td></tr>
</table>

Stundenabschnitte und Unterrichtsinhalte	Organisatorische Hinweise
Zusatzaufgabe „Dynamit" zur Lawinensprengung transportieren – nur für die Doppelstunde Alle Kinder bekommen einen Gegenstand (Ball o. Ä.), der eine (Stange) Dynamit darstellt und vorsichtig durch den Parcours zu einer gedachten Lawine gebracht werden muss. Das Dynamit wird in der Hand transportiert und darf nicht abgelegt, nicht geworfen und nicht in die Hose o. Ä. gesteckt werden, da es sonst explodiert.	
Stundenausklang	
Die Seilschaft Die Kinder werden in Kleingruppen als Seilschaft an den Stationen verteilt. Die Seilschaft möchte den Berg gemeinsam besteigen. Eines der Seilschaftsmitglieder hat sich auf dem Weg verletzt und kann sich wenig oder gar nicht bewegen und der Rest der Seilschaft muss das Kind sicher durch den Parcours bringen. Alternative: vollgepackte Tasche/Rucksack anstatt eines Kindes.	Details: siehe Ende der Einleitung zur Stunde

9 Piratengeschichte

Der Bewegungsparcours der Stunde 9 greift noch einmal die vorangegangenen Themen auf und lässt die Kinder in einem vorgegebenen Parcours anhand einer Piratengeschichte Bewegungen deuten. Der vorgeschlagene Aufbau stellt den Einstieg passend zu einer Geschichte dar. Die Kinder können, wenn sie wollen, den Parcours umbauen, ergänzen oder erschweren. Didaktisch orientiert sich die Stunde daher an Funke-Wienecke mit seinen methodischen Schritten Turnen als Deuten und Turnen als Bauen.

Die Kinder ziehen von einem Stapel Kärtchen mit Pantomime-Aufgaben, mit Hilfe derer sie sich in den Gruppen finden sollen. Die gebildeten Gruppen holen die Geräte für ihre Station aus dem Geräteraum, die Lehrkraft baut die Stationen mit Hilfe der Kinder auf. Es ist nicht zu empfehlen, die beiden Stationen allein aufzubauen, da dies sehr viel Zeit erfordert.

In die Stunde integriert ist die sogenannte Sternsprossenwand, alternativ dazu kann eine aufklappbare Sprossenwand oder ein Barren verwendet werden. Die Sternsprossenwand ist als besonderes Gerät dahingehend zu betrachten, dass sie von mehreren Seiten frei im Raum stehend benutzt werden kann und für Lehrkräfte, die ein Hallen-Mittel-Drittel zur Verfügung haben, eine wirkliche Bereicherung darstellt. Anstelle der verwendeten Multiboxen können Sprungkästen verwendet werden. Zum Balancieren werden dann wie in Stunde 3 zwei Reckstangen auf kleine Kästchen gelegt. Die hier verwendeten Multiboxen bieten mehr Optionen (Stangen einhängen, Aufstiegshilfe ausfahren, Leiter/Balken einhängen, größere Stabilität) als ein normaler Sprungkasten. Die Piratenhöhle, die aus drei Sprungkästen und einer Weichbodenmatte besteht, kann mit Hilfe eines Fallschirms, der über noch vorhandene Materialien (bspw. Barren) gehängt wird, gebaut werden. Damit reduziert sich die Aufbauzeit.

Die Kinder können, wenn sie möchten, zu dieser Stunde verschiedene Materialien von zu Hause mitbringen: Kopftücher, Augenklappen, Säbel, (Spielzeug-)Pistolen bzw. Gummimesser oder weitere Gegenstände, die zum Thema Piraten passen.

Da der Aufbau wie bereits bei Stunde 8 sehr aufwändig ist, bietet es sich an, diese Stunde mit einer zeitlich folgenden Klasse gemeinsam zu nutzen. **Eine Einzelstunde ist für die Piratengeschichte eher ungeeignet**, da der Aufbau zu viel Zeit einnimmt. Aus diesem Grund wird gänzlich auf Dehn- und Kräftigungsübungen sowie auf einen Stundenausklang verzichtet.

Benötigte Materialien

- 1 Sternsprossenwand
- 1 Sprossenwand
- 2 Multiboxen mit Stangen
- 1 Leiter
- 1 Hühnerleiter
- 4 Turnbänke
- 3 Weichbodenmatten
- 3 Kästen (5-teilig)
- 9 (blaue) Turnmatten
- 1 langes Seil/Tau
- 1 Turnbock
- 3 Sprungbretter
- 1 Tauanlage
- 1 Fallschirm (Segel)

Stundenverlauf Stunde 9: *Piratengeschichte*

Stundenabschnitte und Unterrichtsinhalte	Organisatorische Hinweise
Aufwärmphase	
Einstieg in das Thema Die Schüler ziehen eine Karte, auf denen ein Begriff zu finden ist, der ohne Worte nachgespielt werden soll. Die Gruppen sollen sich anhand des Pantomime-Spiels finden. Wenn sich die Gruppen gefunden haben, sollen sie sich für die Expedition ausrüsten. Die Schüler versorgen sich mit den von ihnen mitgebrachten Kopftüchern, Augenklappen, Säbeln, (Spielzeug-)Pistolen bzw. Gummimesser …	Karten vorbereiten, auf denen folgende Begriffe zu finden sind • 1 x Kapitän • 1 x Steuermann • 1 x Schiffskoch • 1 x Pirat auf Ausguck • 5 x rudernde Piraten • 1 x fauler Piratenchef • 5 x faule Piraten • 5 x Wachpiraten • Bei Bedarf erweitern, bspw. Dschungeltiere oder Seeungeheuer Karten im Kartenhaufen mischen und verdeckt den Kindern anbieten. Die Kinder stellen pantomimisch den Begriff dar und versuchen die Schiffscrew und die an Land befindlichen Piraten zu finden. Vorab den Kindern mitteilen, dass es diese zwei Gruppen gibt. Bereits in der Woche vorher ankündigen, dass entsprechende Materialien von zu Hause mitgebracht werden sollen. Evtl. verfügt die Schule über einige Kopftücher oder Augenklappen.

Stundenabschnitte und Unterrichtsinhalte	Organisatorische Hinweise

Übungsphase

Aufbau

Die Kinder bauen zusammen mit der Lehrkraft auf und verteilen sich anschließend an den beiden Stationen (Piratenschiff, Piratenhöhle mit Trainingsplatz). Jedes Team ist für seinen Aufbau mit verantwortlich.

Das Piratenschiff (vgl. Abb. 30)

In die Sternsprossenwand (Piratenschiff) wird ein Rutschbrett eingehängt. Eine Turnbank führt zum Ausguck (Sprossenwand). Das Piratenschiff hat ein angehängtes Rettungsboot (2-tlg. Kasten). Zwischen Piratenschiff und Wand (je nach Befestigungsmöglichkeit) wird ein langes Seil/Tau gespannt und jeweils an den Enden befestigt. Eine Weichbodenmatte ermöglicht Sprünge vom Schiff und vom Ausguck ins „Wasser“.

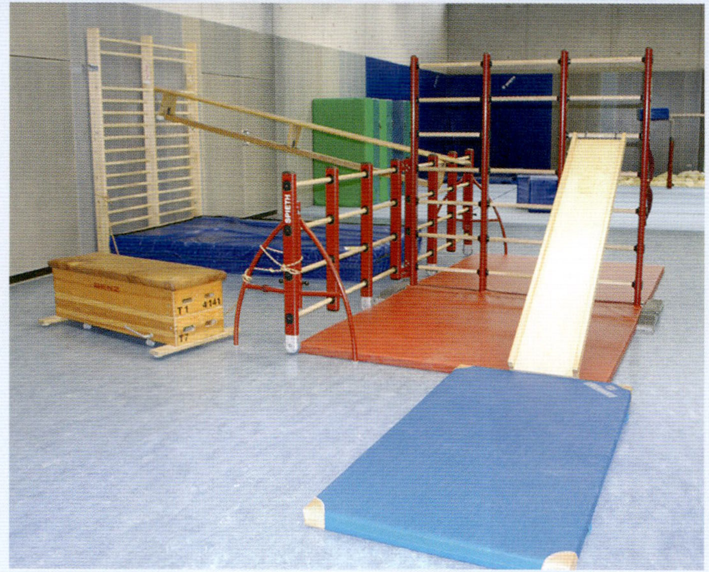

Abb. 30: Das Piratenschiff

Material: 1 Sprossenwand, 1 Sternsprossenwand (inkl. Matten), 1 Weichbodenmatte, 1 Rutsche, 1 (blaue) Turnmatte, ein 2-tlg. Kasten.

Alternativ kann zur Sternsprossenwand eine ausklappbare Sprossenwand als Piratenschiff und ein 7- bis 8-tlg. Kasten als Ausguck verwendet werden. Um das Rettungsboot zu vertäuen, kann ein Barren mit Abstand platziert werden. Rutsche und Hühnerleiter durch noch vorhandene Geräte im Geräteraum bauen oder umdeuten.

Stundenabschnitte und Unterrichtsinhalte	Organisatorische Hinweise

Die Piratenhöhle

Anhand von drei 5-tlg. Kästen und einer darüberliegenden Weichbodenmatte eine Piratenhöhle bauen. Drei Seiten mit (blauen) Turnmatten absichern.

Der Trainingsplatz (vgl. Abb. 31)

Station 1: Zwei Multiboxen mittels zweier Stangen verbinden, Hühnerleiter zum Aufstieg an der ersten Multibox, Leiter zum Abstieg auf der anderen Seite (direkt in Sprungweite neben der Tauanlage aufbauen)

Station 2: Graben überwinden (blaue Turnmatten)

Station 3: Hindernis überwinden (Turnbock mit Sprungbrett)

Station 4: Donnerbalken (umgedrehte Bank)

Station 5: Takelage (Tauanlage)

Station 6: Eiserne Brücke (Reckstange auf Kleinkästen, ohne Abb.)

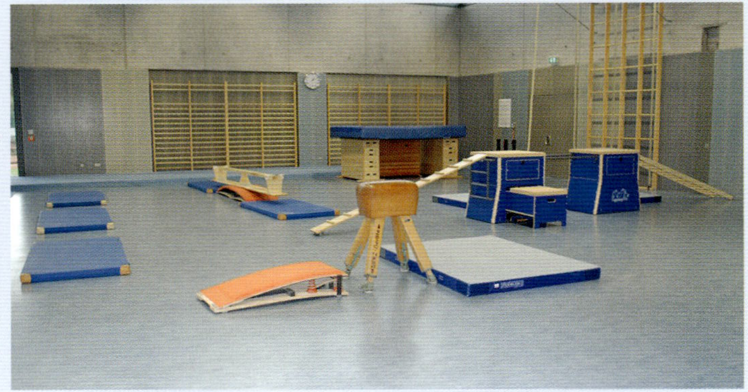

Abb. 31: Trainingsplatz, im Hintergrund rechts die Piratenhöhle

Materialien Piratenhöhle

Drei 5-tlg. Kästen, 1 Weichbodenmatte, 3 (blaue)Turnmatten.

→ Anstelle der Weichbodenmatte kann auch ein Fallschirm über die Kästen gespannt werden.

Materialien Trainingsplatz

2 Multiboxen, 2 Verbindungsstangen Multibox, 1 Hühnerleiter, 1 Leiter, 4 Niedersprungmatten, 5 (blaue) Turnmatten, 1 Turnbock, 2 Sprungbretter, 1 Turnbank, 1 Tauanlage

→ Anstelle der Geräte an Station 1 können 2 Turnkästen, 2 Reckstangen, 2 Turnbänke verwendet werden.

Stundenabschnitte und Unterrichtsinhalte	Organisatorische Hinweise

Station 1: „Das Piratenschiff“

Die Piraten segeln über den Pazifik (Segel setzen, über das Schiff klettern, den Ausguck immer wieder neu besetzen, Festessen). Es kommt ein schrecklicher Sturm auf, bei dem einige Piraten ins Wasser fallen und sich ins Rettungsboot (2-tlg. Kasten, vgl. Abb. 32) retten. Nach dem Sturm ist der Wind weg und die Piraten erholen sich vom Sturm, müssen dann aber, weil das Trinkwasser ausgeht, nach einer Insel Ausschau halten.

Als Segel kann ein Fallschirm o. Ä. verwendet werden.

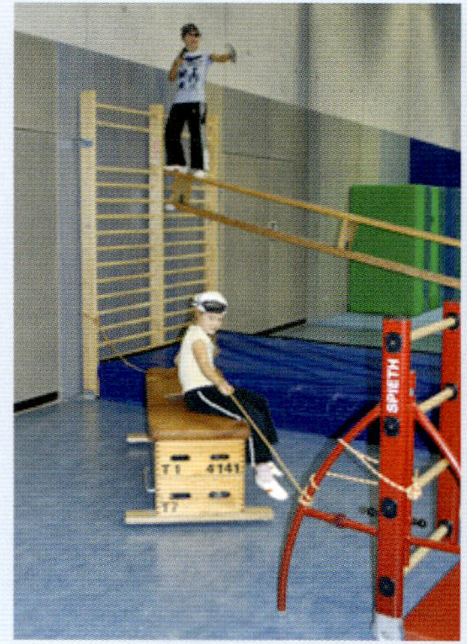

Abb. 32: Bootsrettung

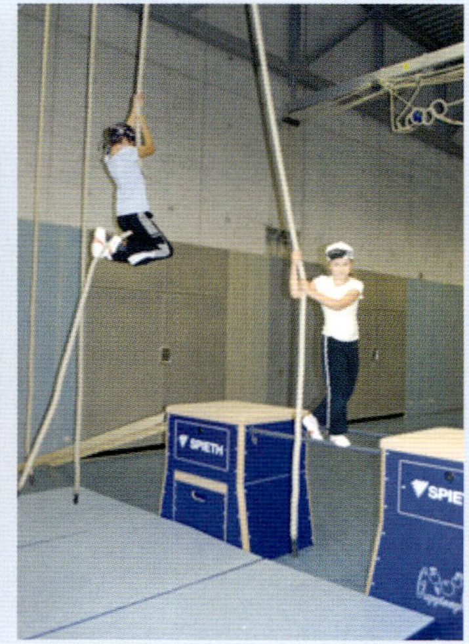

Abb. 33: Training der Piraten

Station 2: „Die Piratenhöhle mit Trainingsplatz“

Die Piraten auf der Insel sind im Grunde Faulenzer (schlafen, rumhängen, feiern), da ihr Schiff nur noch ein Wrack ist. Ansonsten haben sie alles was sie wollen und bewachen ihren Schatz. Um jederzeit für einen Überfall bereit zu sein, trainieren sie einmal täglich auf dem Trainingsplatz Hindernisse zu überwinden, über Gräben zu springen, zu balancieren, auf wackligen Brücken zu laufen, die Takelage ihres kaputten Bootes zu erklimmen (vgl. Abb. 33) und sie machen Krafttraining (Liegestützen).

Der Diebstahl

Das Piratenschiff auf hoher See hat eine Insel entdeckt. Sie rudern mit dem Rettungsboot an Land, suchen Wasser und schleichen sich zur Piratenhöhle, die sie entdeckt haben. Die Wachpiraten haben sie nicht gesehen, da sie in der Sonne eingeschlafen sind. Sie klettern über die Höhle und entdecken den Schatz der schlafenden Piraten. Heimlich klauen sie den Schatz. Als die schlafenden Piraten aufwachen, entdecken sie den Diebstahl. Sie rennen wild durcheinander, beschimpfen sich gegenseitig und entdecken dann das Schiff. Sofort stürmen alle zum Schiff, doch dort ist niemand, die Piraten haben sich mit dem Schatz auf der Insel versteckt und haben in der Zwischenzeit die Höhle eingenommen. Nach dem ersten Schreck erkennen die Inselpiraten das Glück, das sie haben, lichten den Anker und setzen Segel und brausen mit Gesang davon. Jetzt sind die anderen Piraten auf der Insel gefangen und müssen auf ein neues Schiff warten oder das defekte Schiff reparieren.

Die Taue können ggf. als Balancierhilfe (vgl. Abb. 30) verwendet werden.

Stundenabschnitte und Unterrichtsinhalte	Organisatorische Hinweise
Stundenausklang	
Die Kinder, die das Schiff erobert haben, können ausgiebig auf dem Weg nach Hause über das Segelschiff „toben", die gefangenen Inselpiraten trainieren fleißig und reparieren mit Hilfe der Lehrkraft das Schiff. Sie stechen in See und verfolgen das andere Schiff. Wenn sie das andere Schiff eingeholt haben, wird in Zweikämpfen (auf den (blauen) Turnmatten) mittels Schieben und Ziehen (1:1) ermittelt, welche Piraten die Seeschlacht gewonnen haben. Da der Bewegungsparcours eine lange Aufbauzeit erfordert, wird als Stundeninhalt durchgehend an den verschiedenen Stationen gearbeitet und dann direkt abgebaut.	Die in See stechenden Piraten schwingen an der Takelage, etwa von einem Kasten zu einer Weichbodenmatte. Dazu den Kasten etwas weiter von den Tauen entfernt aufstellen als zuvor.

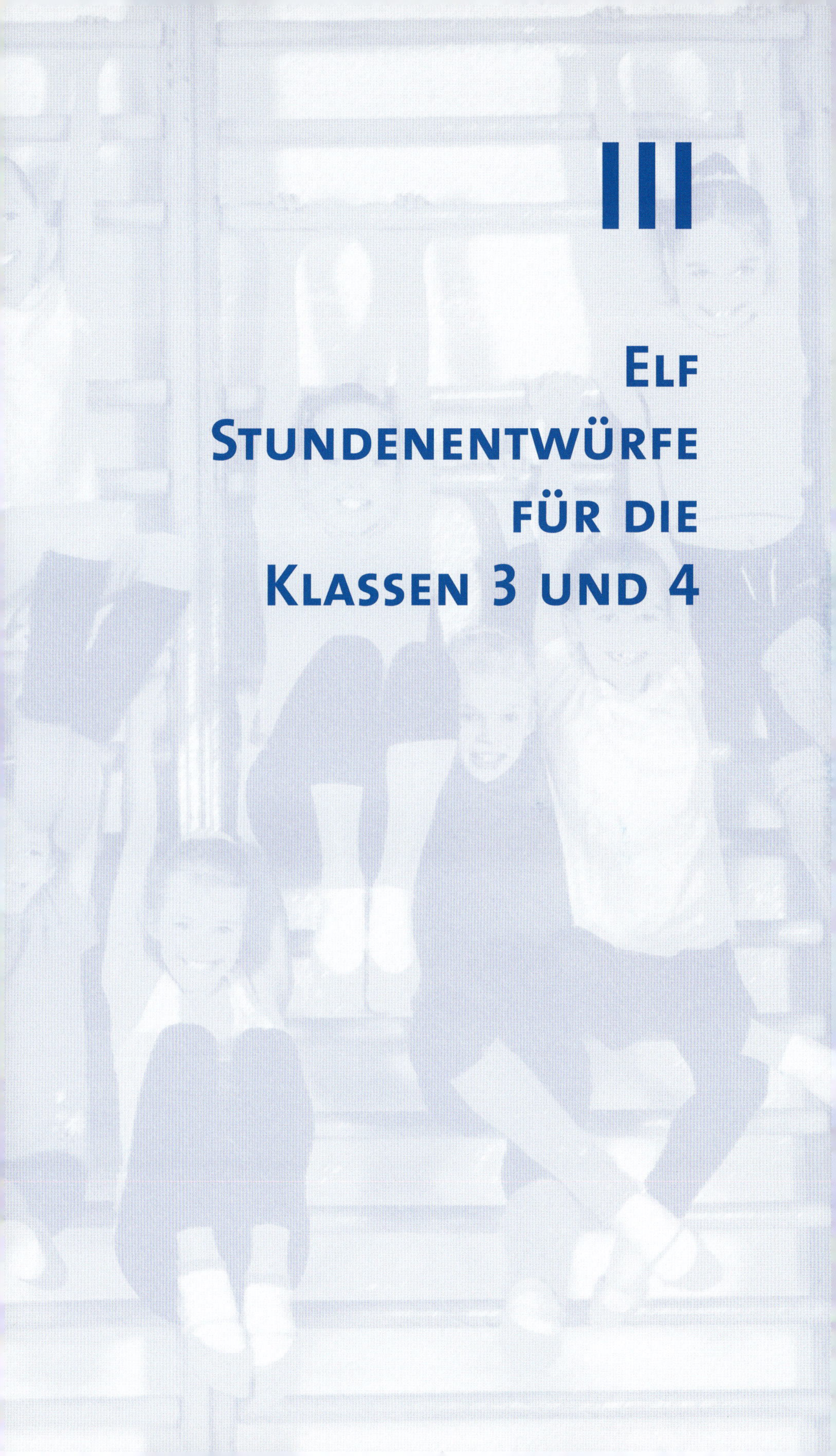

III

Elf Stundenentwürfe für die Klassen 3 und 4

1 Spielestunde

In der einführenden Einheit zu den Klassen 3 und 4 werden zahlreiche kleine Spiele vorgestellt, die den Kindern das Turnen „unbemerkt" näherbringen. Es kommen unterschiedliche koordinative und konditionelle Anforderungen des Turnens vor, um die Beteiligten auf die zukünftigen Turn-Aufgaben vorzubereiten. Ein wesentlicher Ansatz der Stunde besteht darin, die Turngeräte von Beginn des Turnblocks an in einen positiven Zusammenhang zu stellen.

Hinweis

Da bei dieser Art Ringbuchbindung lediglich eine max. Anzahl von 176 Seiten möglich ist, wurde aus Platzgründen die „Stunde 1 Spielestunde" als PDF-Datei zum Download zur Verfügung gestellt. Den Link hierzu finden Sie auf der Umschlagseite 3.

2 Rollbewegungen

In dieser Stunde wird das in Klasse 1 und 2 begonnene Rollen aufgegriffen und technisch verfeinert. Die Lehrkraft korrigiert die Kinder dabei primär an einer Station, die Kinder sollen im Sinne von möglichst viel Bewegungszeit an mehreren Stationen parallel turnen.

Dem einführenden Spiel folgt eine spezifische Erwärmung, bei der die Rumpfmuskulatur auf die im Hauptteil der Stunde folgenden Rollbewegungen vorbereitet wird.

Das seitliche Rollen wird, auch wenn es nicht zu den klassischen Rollbewegungen des Turnens gehört, zur Schulung der Orientierungsfähigkeit und dem variablen Einsatz von Rollbewegungen in den Hauptteil der Stunde integriert. Die Rollen vorwärts und seitwärts, die im Stundenverlauf wiederholt werden, sollten bereits in Klassenstufe 1 und 2 erlernt worden sein.

Die Lehrkraft achtet bei der Rolle insbesondere auf das Abdrücken der Beine, die Kopfposition beim Abrollen (Kinn zur Brust) sowie auf die Hände, die nach dem Abrollen schnellstmöglich nach vorn genommen werden sollen, um ohne Handabdruck vom Boden aufzustehen.

Beim Rollen ist zu beachten, dass ein turnendes Kind seinen Standort verändert und die Kinder nach „Rollbeginn" nicht richtig sehen, wohin sie rollen. Dies gilt nicht nur bei der Rolle rückwärts, sondern in gleicher Weise bei der Rolle vorwärts. Die Kinder sollten daher darauf achten, dass sie immer genügend Platz in der Richtung vorfinden, in die sie rollen wollen (räumliche Orientierungsfähigkeit).

Der technische Schwerpunkt liegt in dieser Stunde bei der Rolle rückwärts, bei der die Kinder nicht sehen, wohin die Bewegung führt. Daraus folgt häufig ein Drehen des Kopfes. Aufgrund der Rollbewegung über den Hinterkopf (Hinterhauptschuppe) fühlt sich die Bewegung unangenehm an. Daher empfiehlt die Lehrkraft, dass sich die Kinder beim Zurückrollen rund machen, das Kinn zur Brust nehmen und die Hände frühzeitig neben den Ohren aufsetzen

(Hasenohren), damit sie sich etwas hochdrücken und somit den Nacken entlasten können. Sind die Kinder dazu noch nicht in der Lage, sollte die Station Igelrolle aus Stunde 1 wiederholt werden.

Benötigte Materialien

- 16 (blaue) Turnmatten
- 1 Bodenrollmatte
- 2 Weichbodenmatten
- 3 Turnbänke
- 1 Kasten (3-teilig)
- 1 Sprossenwand
  (Alternative für Sprossenwand: oben offener 5-tlg. Kasten, Reck oder Barren)

Stundenverlauf Stunde 2: *Rollbewegungen*

Stundenabschnitte und Unterrichtsinhalte	Organisatorische Hinweise
Aufwärmphase	
„Fischer, Fischer, wie kommen wir ans andere Ufer?“ Ein Kind befindet sich auf der einen Seite der Halle und ist der Fischer, während alle anderen Kinder auf der gegenüberliegenden Hallenseite sind. Die große Gruppe ruft dem Fischer „Fischer, Fischer, wie kommen wir ans andere Ufer?“ zu, worauf dieser mit einer selbst ausgewählten Bewegungsart antwortet (bspw. „auf einem Bein hüpfen“ oder „auf allen Vieren gehen“). Die Kinder müssen nun mit dieser Bewegungsart auf die andere Hallenseite gelangen, ohne dass sie vom Fischer gefangen werden. Wird ein Kind gefangen, unterstützt es den Fischer in der nächsten Runde beim Fangen.	Ist die Kinderzahl sehr groß (über 25) kann mit mehr Fischern gestartet werden, damit das Spiel nicht zu lange dauert. Je nach Hallengröße und Anzahl der Kinder kann überlegt werden, ob die Fischer ebenfalls die vorgegebene Bewegungsart ausführen oder ohne Zusatzaufgabe fangen dürfen.
Dehnübungen Dehnübung 1: Oberschenkelrückseite/rückwärtige Beinschlinge Dehnübung 5: Gesäßmuskulatur Dehnübung 6: Wadenmuskulatur Dehnübung 7: Mobilisation Wirbelsäule	***Kräftigung/Rumpfstabilisation*** Kräftigungsübung 2: Unterarmstütz seitlich (rechts & links) Kräftigungsübung 3: Liegestützposition
Gemeinsamer Aufbau	
Station 1: „Abroller“ (vgl. Abb. 35) Weichbodenmatte vor dem 3- bis 4-tlg. Kasten	 Abb. 35: Station 1 „Abroller“

Stundenabschnitte und Unterrichtsinhalte	Organisatorische Hinweise
Station 2: „Schiefe Ebene" (vgl. Abb. 36) – nur für die Doppelstunde 3 Bänke in einer Sprossenwand einhängen, 2 Weichbodenmatten auf die Bänke legen, ein bis zwei (blaue) Turnmatten als Abschluss quer legen. Seitlich mit (blauen)Turnmatten sichern.	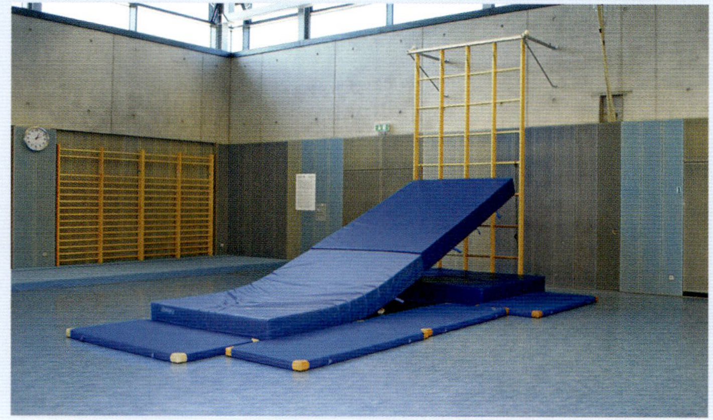 Abb. 36: Station 2 „Schiefe Ebene" Alternativ zur Sprossenwand kann ein oben offener 5-tlg. Kasten, ein Reck oder ein Kasten dienen, in den die Turnbänke oben eingehängt werden. Stehen zu wenig Matten zur Verfügung, kann das Turnquadrat (Station 4) während dem Stationenbetrieb verkleinert werden.
Station 3: „Hügel" (vgl. Abb. 37) Über eine umgedrehte Bank eine Rollmatte legen.	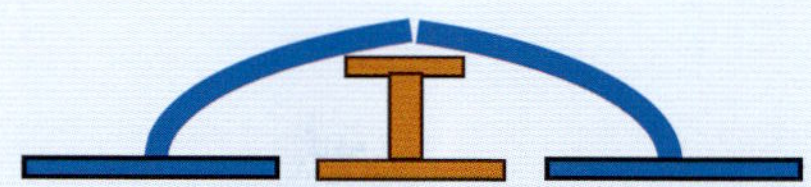 Abb. 37: Station 3 „Hügel"

Stundenabschnitte und Unterrichtsinhalte	Organisatorische Hinweise

Station 4: „Turnquadrat" (vgl. Abb. 38)

9–12 (blaue) Turnmatten zu einer Fläche legen.

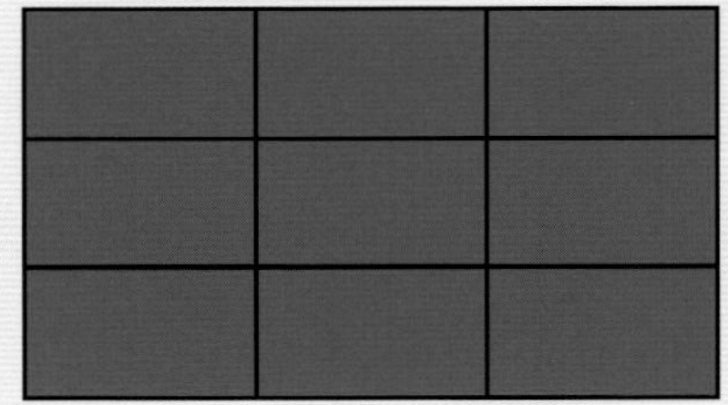

Abb. 38: Station 4 „Turnquadrat"

„Fluglotse"

Die Kinder verteilen sich auf dem Turnquadrat und liegen auf dem Bauch mit Blickrichtung zum Fluglotsen, der vor der Gruppe steht. Zeigt der Fluglotse nach rechts, drehen sich die Kinder einmal nach rechts, bis sie wieder auf dem Bauch liegen, analog nach links. Zeigt der Fluglotse nach oben, führt die Gruppe Sit-ups durch, alternativ kann die Schiffchen-Position (K-Ü1) in Rückenlage eingenommen werden. Zeigt der Lotse nach unten, wird die Schiffchen-Position in Bauchlage eingenommen.

Übungsphase

Die Klasse wird in vier gleichgroße Gruppen geteilt und es werden der Reihe nach alle Stationen besprochen.

Station 1: „Abroller"

Die Kinder liegen bäuchlings auf dem Kasten und stützen sich mit den Händen auf der Weichbodenmatte ab. Nun wird nach vorne abgerollt. Die Übung bereitet neben dem Rollen gleichzeitig auf den Handstand vor, der hier allerdings noch nicht ausgeführt werden soll.

Je nach Gruppengröße und vorhandenem Material können die Stationen „Abroller" und „Hügel" doppelt aufgebaut werden.

Stundenabschnitte und Unterrichtsinhalte	Organisatorische Hinweise
Station 2: „Schiefe Ebene" – nur für die Doppelstunde	6
Die Kinder können seitlich, vorwärts und rückwärts die Schiefe Ebene hinunterrollen und dabei Erfahrungen über Rollbewegungen sammeln und sich an die Orientierung während des Rollens gewöhnen.	Die Lehrkraft achtet bei der Rolle insbesondere auf das Abdrücken der Beine, die Kopfposition beim Abrollen (Kinn zur Brust) sowie auf die Hände, die nach dem Abrollen schnellstmöglich nach vorn genommen werden sollen, um ohne Handabdruck vom Boden aufzustehen. Bei der Rolle rückwärts sollen die Kinder sich beim Zurückrollen rund machen, das Kinn zur Brust nehmen und die Hände frühzeitig neben den Ohren aufsetzen (Hasenohren), damit sie sich etwas hochdrücken und somit den Nacken entlasten können. Sind die Kinder dazu noch nicht in der Lage, sollte Station Igelrolle aus Stunde 1 wiederholt werden.
Station 3: „Hügel"	7
Die Kinder können wie bei Station 2 sämtliche Rollbewegungen ausprobieren. Auch das Rollen quer zur eigentlichen Bewegungsrichtung (auf der Erhöhung) kann ein Ziel sein, das jedoch zusätzliche Koordination und Aufmerksamkeit erfordert.	
Station 4: „Turnquadrat"	
An dieser Station wird die Rolle vorwärts und rückwärts auf der Ebene geübt. Die Lehrkraft erläutert individuell und korrigiert die Technik der Kinder insbesondere an dieser Station.	An Station 4 „Turnquadrat" sollte auf eine korrekte Ausführung der Rollen geachtet werden. Ansonsten sind Variationen und neue Ideen, was das Rollen betrifft, erwünscht.

Stundenabschnitte und Unterrichtsinhalte	Organisatorische Hinweise

Stundenausklang

Am Ende des Stationenbetriebs wird das Turnquadrat so groß wie möglich gebaut.

Alle Kinder turnen nun auf den Matten sowie eine Gruppe an der Station „Abroller“. Es können von der Lehrkraft neue Rollen eingeführt werden:

- In 4er-Gruppen zunächst synchron Rollen (nebeneinander, hintereinander, je zwei gegenverkehrt).
- Partnerrolle: 2 Kinder halten sich gegenseitig an den Füßen, ein Kind liegt dabei auf dem Rücken, das andere Kind befindet sich im Stand. Nun wird auf Kommando gemeinsam gerollt, wobei sich das untere Kind aktiv aufrichten muss, um den Füßen seines Partners hinterher zu kommen (vgl. Abb. 39+40).
- Handstand-Abrollen: Wenn die Voraussetzungen (Stützkraft) der Kinder gegeben sind, kann der flüchtige Handstand mit Abrollen eingeführt werden, jedoch nur mit Hilfestellung.

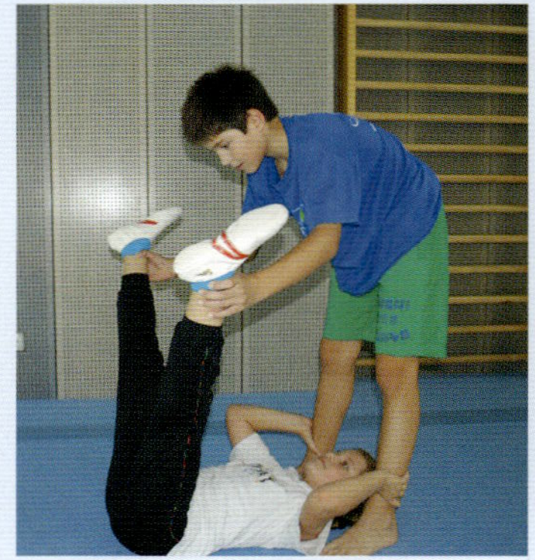

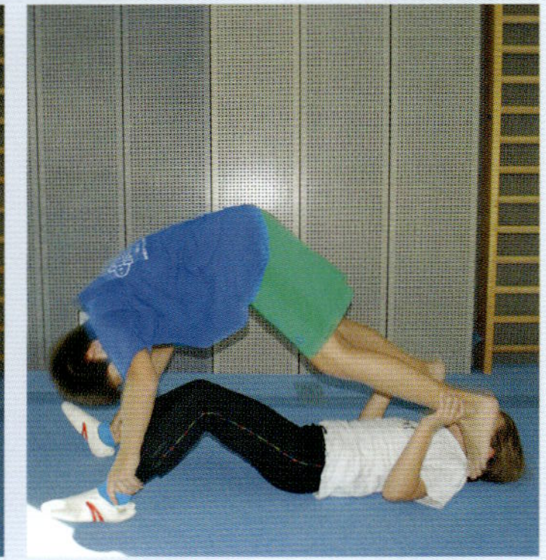

Abb. 39 und 40: Partnerrolle

Hinweise

Jede neu eingeführte Rolle sollte einmal vorgeturnt werden.

Das Handstand-Abrollen wird an der Station „Abroller“ geübt. Ein Kind beginnt in Bauchlage, zwei weitere Kinder unterstützen das Hochkommen in die Handstandposition mit dem Klammergriff am Oberschenkel.

Es wird gemeinsam abgebaut.

3 Springen und Landen

Das Ziel der dritten Turnstunde in Klasse 3 und 4 ist das Springen über verschiedene Turngeräte. Dabei werden unterschiedliche Sprünge, aber auch Absprungformen (einbeinig, beidbeinig) und Landungen (unterschiedliche Untergründe) variiert. Mit Blick in die Lehrpläne sollen die Kinder Situationen des Springens erkunden, erfassen, üben und gestalten und sich auf unterschiedlichen Untergründen (über das Schulgelände hinaus) bewegen. Letzteres wird im Entwurf nicht berücksichtigt, der Schwerpunkt liegt auf dem Erfassen von Sprüngen sowie einem ersten Üben.

Der Fokus der Stunde liegt auf den fußzentrierten Bewegungsformen Stehen, Gehen, (An)Laufen und (Ab)Springen, sowohl mit Sprungbrett, als auch mit Minitramp bzw. von anderen Turngeräten.

Didaktisch stehen die Aspekte Gemeinschaftsverbundenheit sowie Ängste überwinden im Vordergrund. Diese Aspekte findet man u. a. bei Bruckmann (1992), auch wenn in der vorliegenden Stunde kein „Miteinander Turnen“ in ihrem Sinne stattfindet.

In einer Doppelstunde beginnt das Aufwärmen mit einem Fangspiel (siehe dazu Anmerkungen zum Thema Fangspiel beim Aufwärmen im einleitenden Teil des Buchs), erst danach wird der Rundlauf aufgebaut, an dem weitere Aufwärmübungen stattfinden.

Im Hauptteil der Stunde werden unterschiedliche Sprungformen über und von verschiedenen Turngeräten gefordert. Sowohl Übergrätschen über, Aufhocken auf sowie Hockwenden über ein Turngerät werden mit Hilfe der Absprunghilfen Minitramp und Sprungbrett durchgeführt. Nimmt man in der Übungsstunde ein Minitramp, so wird in derselben Stunde anschließend nicht mit dem Sprungbrett gesprungen, da die Absprungeigenschaften und die Reaktionszeiten völlig verschieden sind. Im vorliegenden Stundenbild wird dies bewusst integriert, da die Kinder die unterschiedlichen Eigenschaften direkt miteinander vergleichen sollen. Neben den genannten Absprunghilfen, von denen beidbeinig abgesprungen wird, springen die Kinder einbeinig von einem

Kasten über eine Matte auf die darunter liegende Landefläche. Das ist im turnerischen Sinn nicht zwingend notwendig, doch mit Blick auf die Lehr- und Bildungspläne der Länder eine willkommene Ergänzung.

Das abschließende Nacheinander-Durchlaufen des Parcours fördert die Gemeinschaft, in dem sich die Kinder gegenseitig anfeuern (vgl. Le Pakour). Dabei steht keine spezielle Technik, sondern vielmehr das freie Überwinden der Geräte im Vordergrund, selbst wenn sich durch die vorangegangenen Inhalte die meisten Kinder an den bis dahin durchgeführten Bewegungsformen orientieren werden. Dieser offenere Ansatz ermöglicht den Kindern, die kreative Ideen haben, diese in die Stunde einzubringen. Die Kinder können diesbezüglich im Verlauf der Stunde bereits aufgefordert werden, alternative Überquerungsformen auszuprobieren.

Benötigte Materialien

- 1 kleiner Kasten
- 1 Kastendeckel
- 2 Kästen (4-teilig)
- 1 Kasten (2-teilig)
- 2 Sprungbretter
- 1 Minitramp
- 1 Turnbock
- 2 Springseile/Schnüre
- 1 (blaue) Turnmatte
- 5 Weichbodenmatten oder 2 Weichbodenmatten und 6–8 (blaue) Turnmatten
- 2 Turnbänke
- 2 Slalomstangen (inkl. Ständer)
- 2 Softbälle

Stundenverlauf Stunde 3: *Springen I*

Stundenabschnitte und Unterrichtsinhalte	Organisatorische Hinweise

Aufwärmphase

Hexenfange

1–2 Fänger fangen die restlichen Kinder in einem abgesteckten Feld. Die Kinder, die gefangen wurden, stellen sich als Bock auf. Die noch freien Kinder können die Gefangenen durch einen Bocksprung befreien.

Dehnübungen

Dehnübung 2: Oberschenkelvorderseite

Dehnübung 3: Innenseite Oberschenkel

Dehnübung 8: Hüftbeuger

Kräftigung/Rumpfstabilisation

Kräftigungsübung 1: Schiffchen (vor- & rückwärts)

Aufbau des Rundlaufs

Die Lehrkraft baut mit Hilfe der Kinder die Stationen auf. Auf dem Hallenboden verteilte Stationskärtchen zeigen, an welcher Stelle welche Geräte aufgebaut werden sollen.

Station 1: „Kleinkasten“
1 Kleinkasten.

Station 2: „Kastendeckel“ (vgl. Abb. 41)
1 Kastendeckel, 1 (blaue) Turnmatte, 1 Weichbodenmatte.

Station 3: „Turnbank“
1 Turnbank.

Station 4: „Kasten“
Ein 2-tlg. Kasten.

Station 5: „Hoher Kasten“ (vgl. Abb. 42) – nur für die Doppelstunde
Ein 4-tlg. Kasten, 1 Weichbodenmatte, 1 Sprungbrett.

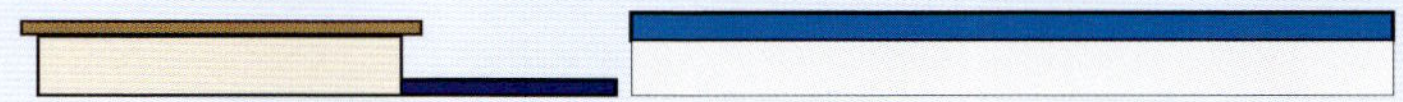

Abb. 41: Station 2 „Kastendeckel“

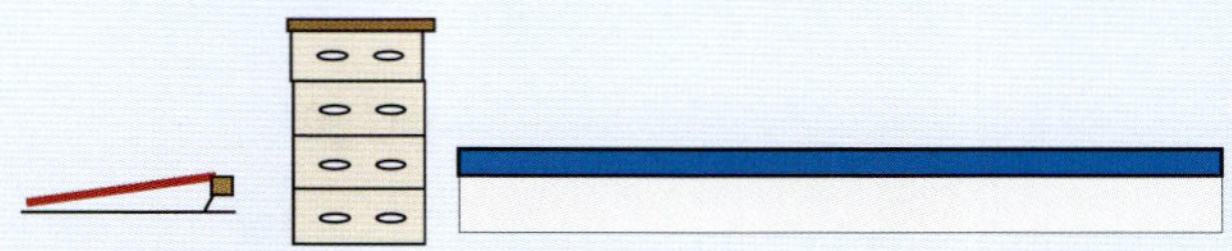

Abb. 42: Station 5 „Hoher Kasten“

Hinweis zu Station 5: Schaffen es die Kinder nicht, die Sprünge mit dem Sprungbrett zu turnen, kann ein Minitramp verwendet werden.

Stundenabschnitte und Unterrichtsinhalte	Organisatorische Hinweise
Station 6: „Turnbank“ – nur für die Doppelstunde 1 Turnbank. ***Station 7: „Slalomstangen“ (vgl. Abb. 43) – nur für die Doppelstunde*** 2 Slalomstangen, verbunden mit einer Schnur. ***Station 8: „Turnbock“ (vgl. Abb. 44) – nur für die Doppelstunde*** Sprungbrett, Turnbock, 2–3 (blaue) Turnmatten.	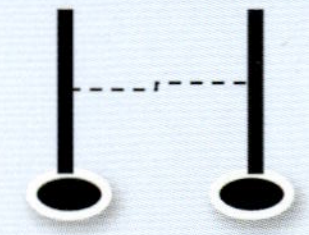 Abb. 43: Station 7 „Slalomstangen“  Abb. 44: Station 8 „Turnbock“

Übungsphase

Rundlauf	
Die Kinder laufen um und springen über die Geräte, sie sollen dabei die Laufart variieren und die unterschiedlichen Untergründe (Matten) spüren. Wie die Geräte überwunden werden, bleibt den Kindern im 1. Durchgang selbst überlassen. Anschließend bewältigen die Kinder den Rundlauf mit unten stehenden Aufgaben mehrmals nacheinander.	An Station 4 bietet die Lehrkraft zunächst Hilfestellung, später Sicherheitsstellung an. Dazu auf der Landeseite stehen, den Kindern die Hände entgegen strecken, an Schulter und Oberarm greifen und die Kinder bis zum sicheren Stand begleiten. 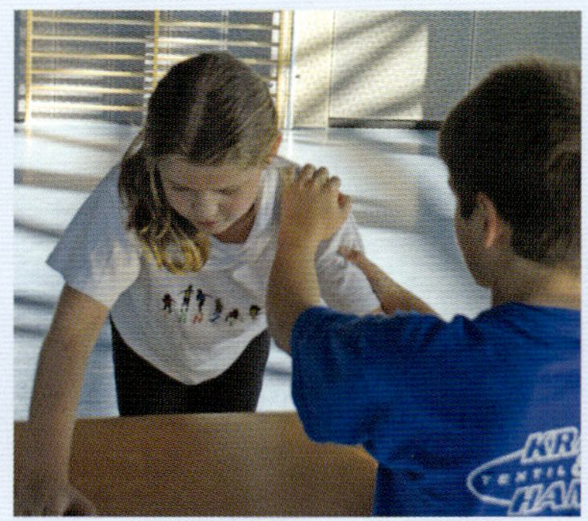 Abb. 45: Hilfestellung Station 4

Stundenabschnitte und Unterrichtsinhalte	Organisatorische Hinweise

Durchgang 1

Station 1: „Kleinkasten“

„Grätschsprung.“

Station 2: „Kastendeckel“

Sprung (einbeiniger Absprung) vom Kastendeckel auf die Weichbodenmatte (über die blaue Turnmatte hinweg).

Station 3: „Turnbank“

Hockwenden an der Turnbank.

Station 4: „Kasten“

Hocksprung über den Kasten.

Station 5: „Hoher Kasten“ – nur für die Doppelstunde

Aufhocken, Strecksprungabgang auf Weichboden (Video Hoher Kasten).

Station 6: „Turnbank“ – nur für die Doppelstunde

Entlang (nicht auf) der Turnbank auf einem Bein springen (rechts/links).

Station 7: „Slalomstangen“ – nur für die Doppelstunde

Schersprung über die Schnur.

Station 8: „Turnbock“ – nur für die Doppelstunde

Grätschsprung über den Turnbock (Video Turnbock).

Durchgang 2

Station 1: „Kleinkasten“ (vgl. Abb. 48)

Beidbeinig mit prellendem Absprung abwechselnd vom Boden auf den Kleinkasten und wieder auf den Boden und den nächsten Kleinkasten springen.

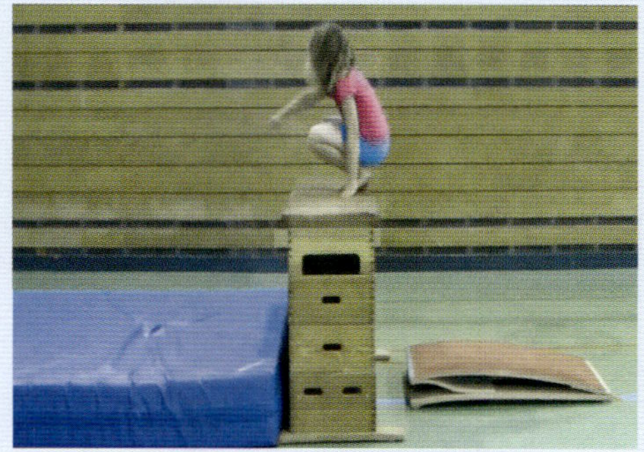

Abb. 46: Station 5 „Hoher Kasten“

9

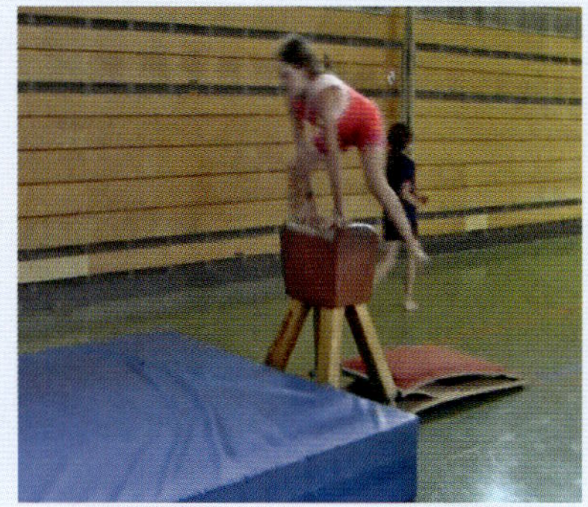

10

Abb. 47: Station 8 „Turnbock“

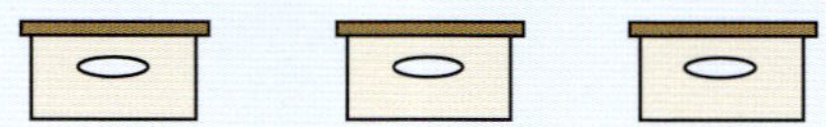

Abb. 48: Station 1 um 2–3 Kleinkästen erweitern

Stundenabschnitte und Unterrichtsinhalte	Organisatorische Hinweise
Station 2: „Kastendeckel“ Beidbeiniger, später einbeiniger Sprung vom Kastendeckel auf die Weichbodenmatte (über die blaue Turnmatte hinweg). Vor dem Absprung die Augen schließen und erst in der Luft öffnen. ***Station 3: „Turnbank“*** Hockwenden an der Turnbank mit geschlossenen Augen. ***Station 4: „Kasten“*** Grätschsprung über den Kasten. ***Station 5: „Hoher Kasten“ – nur für die Doppelstunde*** Anlaufen, mit einer Hand stützen und über den Kasten springen (Beine seitlich über den Kasten schwingen oder aufsetzen). ***Station 6: „Turnbank“ – nur für die Doppelstunde*** Entlang (nicht auf) der Turnbank auf einem Bein rückwärts springen (rechts/links). ***Station 7: „Slalomstangen“ – nur für die Doppelstunde*** Kreativer Sprung (von Kindern selbst gewählt) über die Schnur. ***Station 8: „Turnbock“ – nur für die Doppelstunde*** Aufhocken auf den Turnbock und Strecksprung auf die Matte.	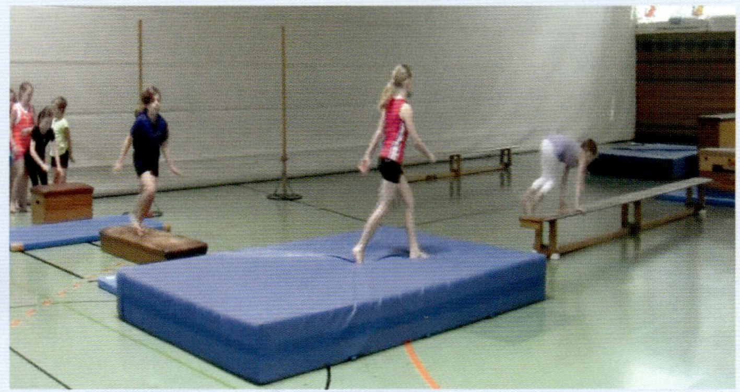 8 Abb. 49: Rundlauf
Stundenausklang	
Die Stationen werden, wie bei Le Parcours, einzeln von den Kindern durchlaufen und durchsprungen. Die Überwindungsform der einzelnen Geräte bleibt ihnen dabei selbst überlassen. Die Kinder feuern sich gegenseitig an.	
Gemeinsamer Abbau	

4 Synchron-Springen und -Turnen

Mit der Stunde Synchron-Springen wird das Springen der vorangegangenen Stunde aufgegriffen und mit dem Ansatz des Miteinander Turnens von Bruckmann (1992) erweitert. Erneut soll über verschiedene Turngeräte mit unterschiedlichen Sprüngen und Absprungformen sowie Landungen gesprungen werden. Das in den Lehrplänen geforderte Erkunden, Erfassen, Üben und Gestalten von Sprüngen bekommt einen stärkeren Fokus im Hinblick auf Üben und Gestalten. Berücksichtigt wird damit bspw. explizit der Lehrplan von Nordrhein-Westfalen mit „Kunststücke erfinden und bewältigen, sich etwas trauen" sowie der Gemeinschaftslehrplan von Berlin, Brandenburg, Bremen und Mecklenburg-Vorpommern mit „präsentieren von Bewegungsformen und -fertigkeiten an einigen Geräten allein, mit Partnerin bzw. Partner oder in der Gruppe".

Didaktisch wird – wie eingangs erwähnt – das „Miteinander Turnen" aufgegriffen. Sprünge mit einem Partner synchron turnen, vorab zu klären, welcher Sprung ausprobiert wird, den gemeinsamen, zeitgleichen Anlauf abzustimmen und in etwa gleich schnell anlaufen – all das steht in dieser Stunde im Vordergrund. Dass dabei nebenher noch Geräte mit turnerischen Elementen überwunden werden, soll hingegen bei den Kindern nicht im Mittelpunkt stehen.

Das Aufwärmen beginnt mit Drei-Zonen-Fange (siehe dazu Anmerkungen zum Thema Fangspiel beim Aufwärmen im einleitenden Teil des Buchs), bei dem unterschiedliche Sprungformen zum Einsatz kommen. Mit beidbeinigen Sprüngen beginnend (vorwärts, rückwärts) kann bspw. das Tempo aus dem Spiel genommen werden.

Im Hauptteil der Stunde werden unterschiedliche Sprungformen über und von verschiedenen Turngeräten gefordert. Sowohl Übergrätschen über, Aufhocken auf sowie Hockwenden über ein Turngerät werden mit Hilfe der Absprunghilfen Minitramp und Sprungbrett durchgeführt. Nimmt man in der Unterrichtsstunde ein Minitramp, so wird in derselben Stunde anschließend normalerweise nicht mit dem Sprungbrett gesprungen, da die Absprungeigenschaften und die Reaktionszeiten völlig verschieden sind.

Die Kontaktzeit (mit dem gesamten Fuß) ist beim Minitrampolin deutlich größer als mit dem Sprungbrett, von dem prellend (vom Fußballen) abgesprungen wird. In dieser Stunde werden diese beiden Absprungtechniken bewusst nebeneinander integriert, da die Kinder die unterschiedlichen Eigenschaften direkt miteinander vergleichen sollen. Neben den genannten Absprunghilfen, von denen beidbeinig gesprungen wird, springen die Kinder einbeinig von einem Kasten über eine Matte auf die darunter liegende Landefläche. Das ist im turnerischen Sinn nicht zwingend notwendig, doch mit Blick auf die Lehr- und Bildungspläne der Länder eine sinnvolle Ergänzung.

An zwei Sprung-Stationen denken sich die Kinder unterschiedliche Möglichkeiten aus, wie sie synchron mit einem Partner das jeweilige Gerät überwinden. Parallel dazu wird am Boden ebenfalls mit Synchronelementen agiert; das Bewegungsrepertoire kommt aus den Klassen 1 und 2, sowie aus der vorangegangenen Stunde (Stunde 3) und wird ergänzt durch kreative eigene Bewegungsformen. Hierzu sollte die Lehrkraft explizit auffordern. Damit wird der Ausklang der vorangegangenen Stunde aufgegriffen und die Partizipation der Kinder gefördert.

Als Stundenausklang kann entweder das Spiel Moorhuhn stattfinden, oder aber, falls hier der Aufbau zu zeitaufwändig ist, kann eine kleine Show von Lieblingssprüngen von den Kindern gezeigt werden.

Benötigte Materialien

- 6 Hütchen
- 4 Kästen (4-teilig)
- 4 Minitramps
- 2 Sprungbretter
- 2 Turnböcke
- 2 Rollmatten
- 6 Weichbodenmatten oder 2 Weichbodenmatten und 6–8 (blaue) Turnmatten
- 10 Gymnastikreifen
- 10 Softbälle
- 20 bunte Bänder
- 3 Turnbänke

Stundenverlauf Stunde 4: *Synchron-Springen und -Turnen*

Stundenabschnitte und Unterrichtsinhalte	Organisatorische Hinweise
Aufwärmphase	
Drei-Zonen-Hüpfhasche Das Spielfeld wird in 3 Zonen eingeteilt. Es werden 1–2 Fänger pro Zone bestimmt, wobei in jeder Zone mit unterschiedlicher Sprungart gesprungen werden soll (einbeinig links, einbeinig rechts, beidbeinig). Die Kinder dürfen sich nur in der vorgegebenen Sprungart fortbewegen, auch die Fänger. Alle 2 Minuten findet ein durch die Lehrkraft angezeigter Zonenwechsel statt. Wer gefangen wird, hüpft in der geforderten Sprungart bis zum Zonenwechsel auf der Stelle.	**Material:** 6 Hütchen, Markierungshemden für die Fänger. **Hinweise** • Die Feldgröße variiert je nach Kinderzahl (je größer das Feld desto mehr Fänger nötig). • Die Kinder, die die Feldabgrenzung verlassen, sind automatisch „gefangen“. • Beim Zonenwechsel Fänger tauschen.
ABC-Sprünge – nur für die Doppelstunde Mögliche Sprünge: Hopserlauf, Wechselsprünge (re-re-li-li; re-li-re-li; re-re-li-li-li-re, etc.), Froschhüpfer, Strecksprünge, Tiefsprünge von Reifen zu Reifen).	Ca. 10 Gymnastikreifen bereitlegen. **Hinweise** Die Sprünge sollten von der Lehrkraft demonstriert werden. Damit die Kinder wenig Wartezeiten haben, können immer zwei Kinder nebeneinander springen.
Dehnübungen Dehnübung 1: Oberschenkelrückseite/rückwärtige Beinschlinge Dehnübung 5: Gesäßmuskulatur Dehnübung 6: Wadenmuskulatur Dehnübung 7: Mobilisation Wirbelsäule Dehnübung 9: Partnerübung Schulter	***Kräftigung/Rumpfstabilisation*** Kräftigungsübung 1: Schiffchen (vor- & rückwärts) Kräftigungsübung 2: Unterarmstütz seitlich (rechts & links) Kräftigungsübung 3: Liegestützposition

Stundenabschnitte und Unterrichtsinhalte	Organisatorische Hinweise

Übungsphase

Aufbau der Stationen

Die Lehrkraft baut mit Hilfe der Kinder die Stationen auf. Auf dem Hallenboden verteilte Stationskärtchen zeigen, an welcher Stelle welche Geräte aufgebaut werden sollen.

Station 1: „Querkasten" (vgl. Abb. 50)

4-tlg. Kasten (quer) mit Trampolin, 1 (blaue) Turnmatte als Stoppmatte.

Station 2: „Bodenturnen"

1 Rollmatte.

Station 3: „Turnbock"(vgl. Abb. 51)

Sprungbrett mit Turnbock und (blauen) Matten (oder Weichbodenmatte).

Station 4: „Längskasten" (vgl. Abb. 52) – nur für die Doppelstunde

4-tlg. Kasten (längs gestellt) mit Minitramp, 1 Weichbodenmatte.

Synchronspringen/-turnen

Die Kinder verteilen sich an den unterschiedlichen Stationen. An den jeweils gleichen Stationen versuchen die Kinder immer gleichzeitig und synchron einen vorher miteinander abgesprochenen Sprung/ein abgesprochenes Element über das/an dem Gerät zu turnen.

Insgesamt zweimal die Station wechseln.

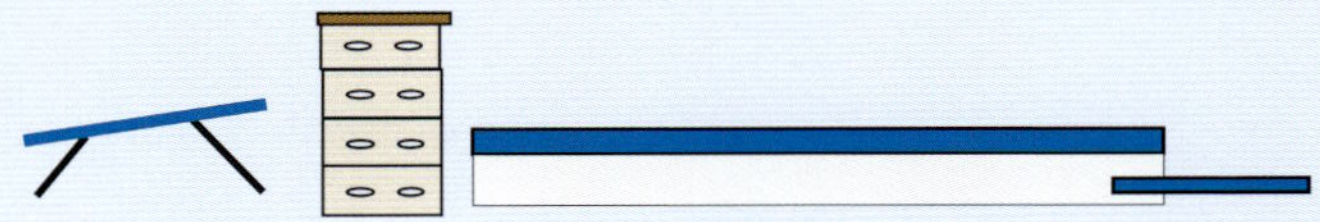

Abb. 50: Station 1 „Querkasten"

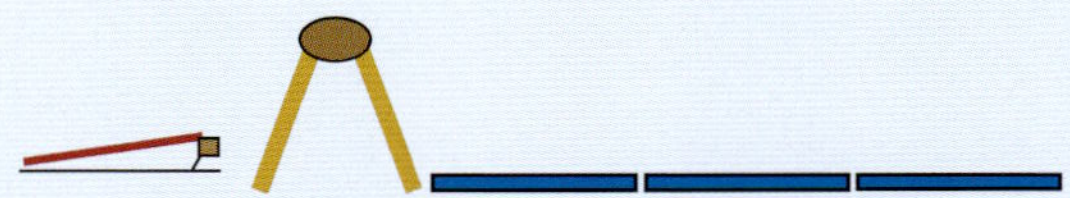

Abb. 51: Station 3 „Turnbock"

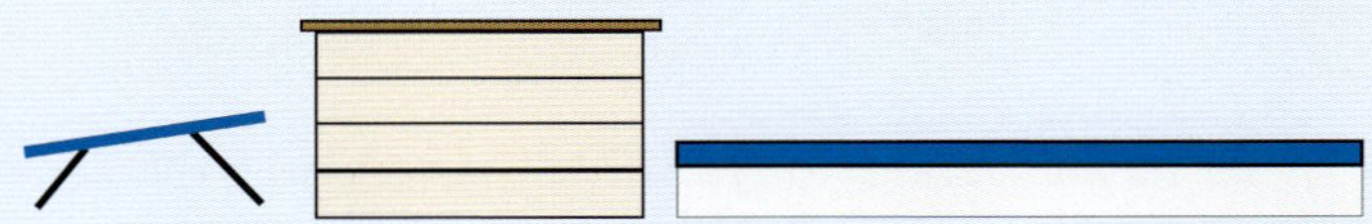

Abb. 52: Station 4 „Längskasten"

Hinweise

Die Sprungauswahl/Elementeauswahl bleibt den Kindern selbst überlassen, als Vorgaben dienen die erlernten Sprünge aus der Stunde zuvor bzw. aus früheren Stunden bekannte Turnelemente am Boden.

Die Lehrkraft soll die Kinder auffordern, sich eigene, kreative Überwindungs-/Bewegungsformen an den Stationen auszudenken.

Stundenabschnitte und Unterrichtsinhalte	Organisatorische Hinweise
Stundenausklang	
Gruppenturnen	
Die Kinder sollen an einer Station einen fließenden Durchgang mit Sprüngen zeigen. Jedes Team kann seinen eigenen Sprung zeigen, der Ablauf nacheinander soll möglichst flüssig erfolgen.	
Moorhuhn (vgl. Abb. 53) – nur für die Doppelstunde	
Die Kinder werden in 2 Mannschaften eingeteilt.	**Hinweise**
Mannschaft 1 muss Bänder durch den Hindernissparcours transportieren. Dies geschieht durch Sprünge auf die Kästen und von den Kästen herunter. Die Kästen können auch als Schutz dienen.	Bevor das Spiel beginnt, Abbau aller Materialien bis auf drei 4-tlg. Kästen und 3 Weichbodenmatten
Die andere Mannschaft versucht von einer Seite Mannschaft 1 durch das Abwerfen mit Softbällen daran zu hindern den Parcours zu durchqueren. Ihr Abstand beträgt ca. 4–5 Meter und wird durch quergestellte Turnbänke abgegrenzt. Wird ein Kind getroffen, muss es wieder zurück an den Start. Erreicht ein Kind die letzte Weichbodenmatte, kann es nicht mehr abgeworfen werden und das abgelegte Band zählt als Punkt für die jeweilige Mannschaft. Nach 3–4 min wird gewechselt und die Mannschaft, die die meisten Bänder auf die andere Seite des Parcours transportiert hat, gewinnt.	Aufbau von 3 Turnbänken als Barriere und Hindernisparcours bestehend aus Weichbodenmatten und Turnkästen (siehe Abb. 46).

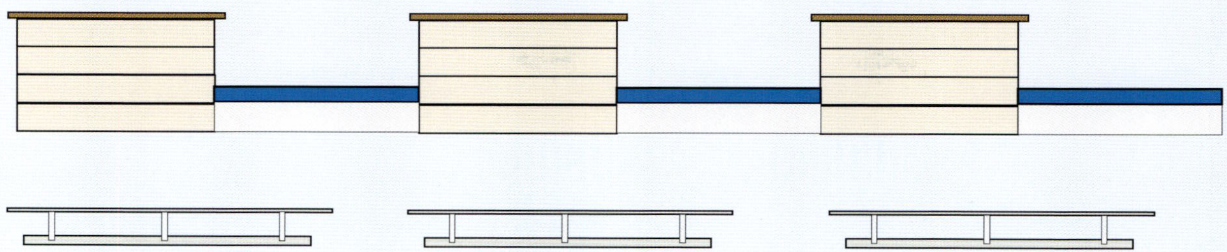

Abb. 53: Hindernisparcours mit Barriere

5 Schweben und Überschlagen

In der Stunde 5 verlagert sich der Schwerpunkt von den fußzentrierten Bewegungen hin zu den handzentrierten Bewegungen (stützen, schieben, drücken) und schult insbesondere die Körperspannung. Rollbewegungen aus Klasse 1 und 2, Kerze, Rückenschaukel mit Aufstehen, Kopfstand, Bank überradeln und Wandhandstand werden wiederholt. Bezogen auf die Lehrpläne orientiert sich diese Einheit an der Bewegungsgruppe Springen/Schweben/Überschlagen.

Voraussetzung für diese Stunde ist, dass die Kinder genügend Stützkraft aufweisen, um einerseits einen Liegestütz, aber v. a. einen Handstand (an der Wand oder, mit Hilfe, auch ohne Wand) turnen zu können. Dazu ist neben der Stützkraft genügend Beweglichkeit im Schulterbereich und der Brustmuskulatur notwendig, um die Arme ohne Ausweichen in der Lendenwirbelsäule gestreckt über den Kopf nehmen zu können. Nur dann, wenn genügend Stützkraft vorhanden ist, macht das Handstand-Umfallen Sinn und gleicht nicht einer fehlgeleiteten Abrollbewegung.

Beim Aufwärmen wird das für die Stunde zentrale Thema Körperspannung bereits aufgegriffen. Beim Brückenfangen sollen entsprechende Positionen eingenommen werden, die Lehrkraft kann darauf hinweisen und zwischen „Hängebrücke“ und gut gespannter „Golden-Gate-Bridge“ oder einem gebogenen und einem geraden „Leuchtturm“ unterscheiden. Die Vertrauens- und Körperspannungsübungen vertiefen die Thematik des Stundeneinstiegs; durch die Partnerarbeit soll Vertrauen zu helfenden Mitschülern aufgebaut werden. Den Kindern soll klar werden, dass sie anderen „blind vertrauen“ müssen und können, was über ein „Rückwärts-Fallen“ deutlich wird, wenn die Lehrkraft hier entsprechende Hinweise gibt.

Didaktisch orientiert sich diese Stunde mit einer methodischen Reihe zum Überschlagen am Sportartenkonzept von Wolfgang Söll. Neben zwei Stationen, an denen die Kinder ein Stück weit die Wahlfreiheit der Durchführung haben, sind die beiden weiteren Stationen mit klaren Bewegungsanweisungen auf das Handstandstehen mit abrollen bzw. umfallen ausgerichtet. Station 5 erfordert keinen zusätzlichen Aufbau, nur eine zusätzliche (blaue) Turnmatte, auf die vom Aufwärmen vorhandene Bodenrollmatte. Die Kinder sollen an dieser Station selbstständig das Radschlagen üben (thematische Wiederholung aus Klasse 1 und 2, Stunde 6), sodass gerade bei großen Klassen die Kinder besser verteilt sind.

Die Einzelstunde unterscheidet sich von der Doppelstunde insbesondere im vorbereitenden Teil, der mehr Übungen zur Körperspannung enthält. Nicht explizit erwähnt wird, dass der Hauptteil mit den fünf Stationen länger durchgeführt werden soll, sodass die Kinder die Stationen häufiger und/oder länger absolvieren.

Beim Abschlussspiel sollen die Körperspannungsübungen des Stundenbeginns aufgegriffen werden. Dabei kann noch einmal der Unterschied zwischen viel und wenig Körperspannung erfahren werden.

Benötigte Materialien

- 1 Bodenrollmatte
- 1 Kasten (3-teilig)
- 1 Kastenoberteil
- 5 (blaue) Turnmatten
- 1 Weichbodenmatte
- 1 Turnbank
- Musik für Abschlussspiel

Stundenverlauf Stunde 5: *Schweben und Überschlagen*

Stundenabschnitte und Unterrichtsinhalte	Organisatorische Hinweise
Aufwärmphase	
Meeresfange Ein bis zwei Kinder werden zu Fängern ernannt, die in einem abgegrenzten Spielfeld die anderen Kinder fangen sollen. Wird ein Kind gefangen, gilt es eine der möglichen Positionen (siehe rechts) einzunehmen. Das gefangene Kind kann befreit werden, indem ein freies Kind über die eingenommene Position springt oder unten „durchschwimmt".	Spielfeld markieren; Größe je nach Anzahl der Kinder. Mögliche Brücken/Positionen (in Vorbereitung auf den Stundenschwerpunkt): • Brücke: Liegestütz (hoch – tief) • Fahne: Seitstütz • Krebs: Krebsstand • Leuchtturm: Kerze • Boot: Schiffchen (Bauch- und Rückenlage) Fängerwechsel: Entweder, wenn alle Kinder gefangen sind, oder wenn erkennbar ist, dass die Fänger ermüden.
Dehnübungen Dehnübung 2: Oberschenkelvorderseite Dehnübung 3: Innenseite Oberschenkel Dehnübung 4: Schulter/Oberarmrückseite/Arm-Rumpf-Winkel Dehnübung 8: Hüftbeuger	***Kräftigung/Rumpfstabilisation*** Kräftigungsübung 2: Unterarmstütz seitlich (rechts & links)
Vertrauen und Körperspannung	
Aufgabe 1: „3er-Bank" Zwei Kinder befinden sich in der Bankposition auf der Bodenrollmatte. Ein weiteres Kind liegt auf der „Kinderbank" und wird von den beiden Bankkindern hin und her geschaukelt → wichtig: oberes Kind muss Spannung halten!	

Stundenabschnitte und Unterrichtsinhalte	Organisatorische Hinweise
Aufgabe 2: „Baumstämme aufrichten“ Ein Kind liegt in Rückenlage auf einer Bodenrollmatte und hat die Aufgabe, sich fest und stabil wie ein Baumstamm zu machen. Die beiden anderen Kinder versuchen, den Baumstamm an den Schultern aufzurichten. Anschließend wechseln. ***Aufgabe 3: „Palme im Wind“ – nur für die Doppelstunde*** Die Kinder „verwurzeln“ ihre Füße fest am Boden. Die Palmen wiegen im Wind, d. h. der Oberkörper soll soweit wie möglich nach vorne, nach hinten, nach rechts und nach links verlagert werden. Ein Kind der 3er-Gruppe löst sich und versucht nun durch leichtes schubsen, die Palmen zu entwurzeln. ***Aufgabe 4: „Mutprobe“ (vgl. Abb. 54) – nur für die Doppelstunde*** Ein Kind begibt sich auf einen 3-tlg. Kasten, mind. 6 Kinder bilden dahinter eine Gasse (auf einer Weichbodenmatte). Das Kind auf dem Kasten lässt sich gestreckt mit Körperspannung (Bauchlage oder Rückenlage) in die Gasse fallen und wird dort weich von den Klassenkameraden aufgefangen. ***Aufgabe 5: „Partner Wälzen“ – nur für die Doppelstunde*** Ein Kind legt sich flach auf den Rücken, seine Arme sind gestreckt in der Hochhalte. Die beiden anderen Kinder versuchen das liegende Kind über die Matte zu wälzen.	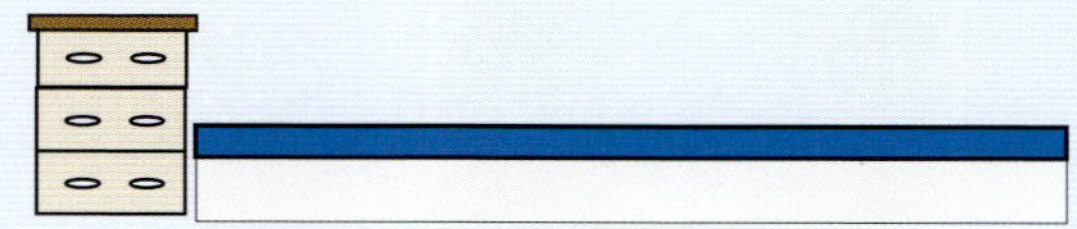 Abb. 54: Aufbau Aufgabe 4 „Mutprobe“
Übungsphase	
Aufbau der Stationen ***Station 1: „Stützhüpfen“*** 1 Turnbank. ***Station 2: „Handstandklettern“*** Vor die Sprossenwand (blaue) Turnmatten oder Niedersprungmatten legen.	Für die Übungsphase dieser Stunde werden sechs Stationen aufgebaut. Immer vier Kinder helfen der Lehrkraft, eine Station aufzubauen.

Stundenabschnitte und Unterrichtsinhalte	Organisatorische Hinweise
Station 3: „Kastenhandstand" (vgl. Abb. 55) 3-teiliger Kasten mit 2 dahinter liegenden (blauen) Turnmatten. ***Station 4: „Handstand-Umfaller" (vgl. Abb. 56) – nur für die Doppelstunde*** Kastenoberteil längs vor einer Weichbodenmatte. ***Station 5: „Radler" – nur für die Doppelstunde*** Blaue Turnmatte quer auf (bereits für das Aufwärmen aufgebaute) Bodenrollmatte legen. ***Station 6: „Partner Ziehen" – nur für die Doppelstunde*** 2 Teppichfliesen.	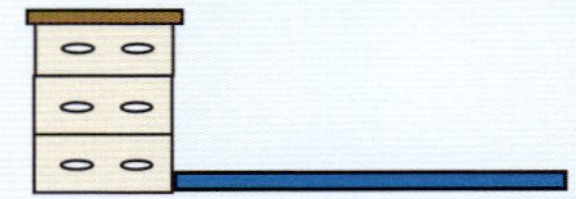 Abb. 55: Station 3 „Kastenhandstand" 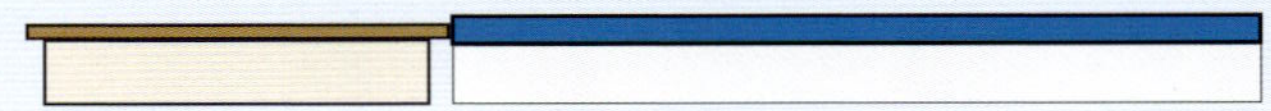 Abb. 56: Station 4 „Handstand-Umfaller"
Stationsbetrieb	
Station 1: „Stützhüpfen" Die Kinder springen von einer Seite der Turnbank auf die andere Seite und sollen dabei möglichst lange die Beine in der Luft und die Hände auf der Bank haben (um lange mit den Händen zu stützen).	**Hinweis:** Beim Stützen der Hände darauf achten, dass die Kinder nicht seitlich abrutschen (nicht seitlich greifen sondern auf der Bank stützen).
Station 2: „Handstandklettern" Der Bauch der Kinder zeigt zur Sprossenwand, die Füße werden auf die erste Sprosse gesetzt und wandern langsam, Sprosse für Sprosse, nach oben. Währenddessen laufen die Hände näher zur Wand hin bis in die Endposition.	**Hinweis:** Eine Sicherheitsstellung bleibt nahe am Übenden und greift gegebenenfalls oder auf Wunsch mit dem Klammergriff am Oberschenkel ein. Die Aufgabe kann auch offener gestellt werden, in dem den Kindern nur das Ziel genannt wird, einen Weg zu finden, wie sie in den Handstand mit Bauch an der Wand gelangen und zurück.
Station 3: „Kastenhandstand" Ein Kind liegt mit dem Bauch auf dem Kasten und rutscht soweit vor, bis die Hüfte auf der Kante liegt. Die Hände stützen auf dem Boden direkt vor dem Kasten. Die Hilfestellung greift im Klammergriff am Oberschenkel, das Kind schwingt mit Hilfe in den Handstand auf. Anschließend abrollen.	**Hinweise** Kastengröße an die Größe der Kinder anpassen; ca. „bauchnabelhoch"! Evtl. zwei unterschiedlich große Kasten bereitstellen. Beim Abrollen muss die Lehrkraft auf das Einrollen des Kopfes achten.

Stundenabschnitte und Unterrichtsinhalte	Organisatorische Hinweise
Station 4: „Handstand-Umfaller“ – nur für die Doppelstunde Die Kinder stehen auf dem Kastenoberteil und schwingen in den Handstand auf. Die Hilfestellung greift im Klammergriff am Oberschenkel. Die Kinder sollen sich steif wie ein Brett machen und auf die Weichbodenmatte fallen lassen.	**Hinweis:** Fersen, Rücken und Schulter berühren in etwa zur gleichen Zeit die Matte.
Station 5: „Radler“ – nur für die Doppelstunde Die Kinder versuchen am Boden selbstständig ein Rad zu turnen. Als Hilfe kann eine (blaue) Turnmatte zum Überradeln (quer) auf die Matte gelegt werden.	**Hinweis:** Mit einer Matte besteht die Gefahr, dass die Kinder nicht weit genug radeln und auf den Mattenrand treten. Hier kann eine zweite, dahinterliegende Matte Abhilfe schaffen. Die Kinder sollen auf jeden Fall versuchen, die erste Matte komplett zu überradeln.
Station 6: „Partner Ziehen“ – nur für die Doppelstunde Ein Kind steht auf einer Teppichfliese und streckt seine Arme nach vorne. Die beiden anderen Kinder ziehen an den Armen das Kind durch die Halle. Dabei muss das Kind auf den Teppichfliesen eine geeignete Position finden, um nicht von der Teppichfliese herunter gezogen zu werden. Die beiden anderen Kinder müssen sich bezüglich der Zugkraft aufeinander abstimmen.	**Hinweis:** Hier können zwei Markierungen als Wegstrecke angebracht werden.
Stundenausklang	
Fast-Food-Feuer-Wasser-Sturm Alle Kinder bewegen sich frei zur Musik im Raum. Die Lehrkraft stoppt die Musik, daraufhin haben die Kinder auf Zuruf eine der folgenden Aufgaben zu erfüllen: • Pommes: Vier Kinder stellen sich als Pommes in der Tüte (mit gestreckten Armen in Hochhalte) dicht zueinander. Körperspannung, ggf. auf Zehenspitzen gehen. • Salatblatt: Alle Kinder legen sich so schnell wie möglich „platt“ mit dem Bauch auf den Boden und drücken Hände und Füße in den Boden. • Hamburger: Immer drei Kinder legen sich aufeinander. Das unterste und das oberste Kind sind das Brötchen, das mittlere Kind der Belag. Alle drei Kinder sollen abwechselnd mit möglichst viel/wenig Körperspannung liegen (hartes/weiches Brötchen, fester/weicher Belag).	Der Zuruf kann vom Lehrer oder von einem vorab bestimmten Kind erfolgen.

6 Überschlagen

Überschlagbewegungen sind vielseitig und kompliziert, die Kinder benötigen sehr viel Körperspannung und Körpergefühl. Daher wird in der Stunde 6 das Überschlagen der Stunde 5 wiederholt und vertieft, wobei der Schwerpunkt auf das Rad gerichtet ist. In Stunde 4 stand dagegen vermehrt die vorbereitende Stützkraft und Körperspannung für alle Überschlagbewegungen im Mittelpunkt. Die Rollbewegungen aus Klasse 1 und 2, Kerze, Rückenschaukel mit Aufstehen, Kopfstand, Bank überradeln und Wandhandstand wurden in Stunde 5 wiederholt und sollten nach und nach gekonnt werden. Voraussetzung ist – wie in Stunde 5 – Beweglichkeit im Schulterbereich und der Brustmuskulatur sowie genügend Stützkraft für den Handstand.

Beim Aufwärmen wird das für die Stunde zentrale Thema Körperspannung sowie die für das Überschlagen notwendige Stützkraft aufgegriffen. Im Fangspiel werden entsprechende Aufgaben wie Zappelhandstand, Tigersprünge oder Krebsgang durchgeführt. Wer genügend Zeit hat, kann die Vertrauens- und Körperspannungsübungen aus Stunde 4 vertiefen, diese sind nicht nochmals explizit aufgeführt.

Didaktisch orientiert sich diese Stunde mit methodischen Übungen an Stationen zum Handstand und Rad am Sportartenkonzept von Söll (2000). Neben der Wiederholung des Handstand-Umfallens vom Kastendeckel „radeln" die Kinder über Medizinbälle, durch eine Gasse (um die Hüfte zu strecken), auf einer Linie und über eine Gummischnur (Zauberschnur). Wenn die Kinder das Rad schon besser beherrschen, können sie über einen quer liegenden Kastendeckel oder über ein Sprungbrett „radeln".

Die Einzelstunde und Doppelstunde unterscheiden sich insbesondere in der Anzahl der jeweiligen Stationen im Hauptteil der Stunde. Außerdem können mehr Dehn- und Kräftigungsübungen integriert werden.

Beim Abschlussspiel wird das Stundenthema nicht noch einmal aufgegriffen, sondern vielmehr die Spaß-Komponente in den

Mittelpunkt gerückt, indem mit dem Klo-Spiel eine Alltagssituation in die Turnhalle übertragen wird.

Benötigte Materialien

- 1 Kastenoberteil
- 1 Weichbodenmatte
- 3–4 Turnbank
- ca. 12 Gummiringe (Tennisringe)
- ca. 12 Medizinbälle
- 2 Niedersprungmatten (oder andere feste Matten)
- 1 Bodenrollmatte
- 1 Sprungbrett
- 1 Zauberschnur
- 2–3 (blaue) Turnmatten
- 1 Gymnastikmatte

Stundenverlauf Stunde 6: *Überschlagen*

<table>
<tr><th>Stundenabschnitte und Unterrichtsinhalte</th><th>Organisatorische Hinweise</th></tr>
<tr><td colspan="2">Aufwärmphase</td></tr>
<tr><td>Tigerfangen
Das Tigerfangen ist ein Fangspiel mit Sonderaufgaben. Die Fänger bewegen sich wie anschleichende Tiger und schlagen ihre Mitspieler ab, die dann bestimmte Aufgaben erfüllen müssen wie z. B.
• Zappelhandstand
• Auf allen Vieren zur gegenüberliegenden Wand krabbeln
• Schubkarre laufen (bspw. zur anderen Wand)
• Tigersprünge: Mit beiden Füßen nach vorne auf die Hände springen und stützen, abdrücken und wieder auf den Füßen landen. Den Vorgang bis zum Ende des Bodenläufers wiederholen.
• Krebsgang: Beide Füße und beide Hände stützen auf dem Boden. Der Bauch schaut dabei zur Decke. Nun im Diagonalschritt (linke Hand; rechter Fuß und umgekehrt) über den Bodenläufer wandern.
• etc.
Nach dem fünften bis zehnten Abschlag wird ein neuer Fänger bestimmt.</td><td>Bei diesem Fangspiel wird parallel die Stützkraft und Spannung geübt.
Sind Partneraufgaben zu erfüllen, suchen sich die Kinder einen Mitgefangenen, um die Aufgabe mit ihm zu erfüllen (Orientierungsfähigkeit).</td></tr>
<tr><td>Dehnübungen
Dehnübung 1: Oberschenkelrückseite/rückwärtige Beinschlinge
Dehnübung 6: Wadenmuskulatur
Dehnübung 8: Hüftbeuger
Dehnübung 9: Partnerübung Schulter</td><td>Kräftigung/Rumpfstabilisation
Kräftigungsübung 1: Schiffchen (vor- & rückwärts)
Kräftigungsübung 3: Liegestützposition</td></tr>
</table>

Stundenabschnitte und Unterrichtsinhalte	Organisatorische Hinweise
Übungsphase	
Aufbau der Stationen	
Station 1: „Handstand-Umfaller“ (vgl. Abb. 57) – nur für die Doppelstunde Kastendeckel mit dahinter liegender Weichbodenmatte ***Station 2: „Handstand an der Wand“*** (Blaue) Turnmatte vor Wand/Sprossenwand ***Station 3: „Bank-Radeln“ (vgl. Abb. 58)*** Drei bis vier Turnbänke werden hintereinander gestellt. Auf jeder Bank liegen ca. 3 kleine Gummiringe, auf denen je ein Medizinball liegt. ***Station 4: „Rad in der Gasse“ – nur für die Doppelstunde*** Zwei (Niedersprung)Matten werden bereit gelegt. ***Station 5: „Linien-Rad“ – nur für die Doppelstunde*** Bodenläufer ausrollen oder 4–5 (blaue) Turnmatten hintereinander legen. Mit Magnesiapulver wird eine Linie längs auf die Matte(n) gezeichnet. ***Station 6: „Gummi-Rad“*** Gummischnur zwischen zwei Slalomstangen befestigen. ***Station 7: „Kastenrad“*** Zwei Kastendeckel längs hintereinander legen. ***Station 8: „Sprungbrettrad“ – nur für die Doppelstunde*** Eine dünne Matte (Gymnastikmatte) über ein Sprungbrett legen.	Die Stationen werden gemeinsam mit den Kindern aufgebaut bzw. festgelegt.  Abb. 57: Station 1 „Handstand-Umfaller“ 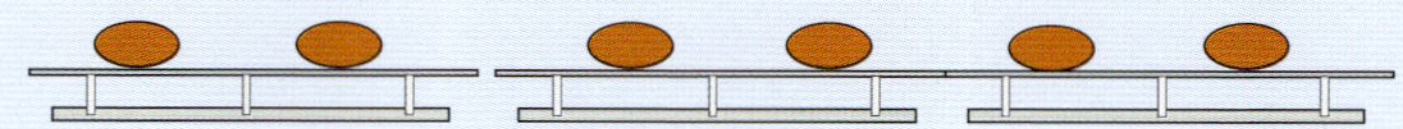 Abb. 58: Station 3 „Bank-Radeln“

Stundenabschnitte und Unterrichtsinhalte	Organisatorische Hinweise
Stationsbetrieb	
Station 1: „Handstand-Umfaller“ – nur für die Doppelstunde	
Die Kinder stehen auf dem Kastenoberteil und schwingen in den Handstand auf. Die Hilfestellung greift im Klammergriff am Oberschenkel. Die Kinder sollen sich steif wie ein Brett machen und auf die Weichbodenmatte fallen lassen.	**Hinweis:** Fersen, Rücken und Schulter berühren in etwa zur gleichen Zeit die Matte.
Station 2: „Handstand an der Wand“	
Die Kinder stehen mit Blick zur Wand. Arme hoch nehmen, Schwungbein und Druckbein nacheinander einsetzen und in den Handstand an der Wand aufschwingen. Anschließend Beine nacheinander abschwingen in den Stand.	**Hinweis:** Eine Sicherheitsstellung bleibt nahe am Übenden und greift mit dem Klammergriff am Oberschenkel ein.
Station 3: „Bank-Radeln“	
Die Kinder setzen ihre Hände neben den Medizinball und versuchen, durch seitliches Springen ihre Hüfte über den Ball zu bewegen. Der Bauchnabel soll dabei immer höher über den Ball hinweg fliegen.	**Hinweis:** Die Kinder sollen nicht beidbeinig abspringen, sondern von einem Fuß abdrücken und mit den Füßen nacheinander landen.
Station 4: „Rad in der Gasse“ – nur für die Doppelstunde	
Zwei Kinder halten die Matten so, dass eine Gasse entsteht. Ein Kind radelt durch die Gasse. Dabei die Gasse zunächst weiter, dann enger machen.	**Hinweis:** Statt von zwei Kindern gehalten können die Matten auch gegen zwei Turnkästen gelehnt werden.
Station 5: „Linien-Rad“ – nur für die Doppelstunde	
Die Kinder versuchen, ein Rad zu turnen und dabei mit den Händen und Füßen die Linie zu berühren.	**Hinweis:** „Je mehr ihr euch streckt, desto eher schafft ihr es, auf der Linie zu bleiben“.
Station 6: „Gummirad“	
Die Kinder turnen ein Rad, dabei setzt eine Hand vor und eine nach der Schnur (bzw. dem Mattengraben) auf.	

Stundenabschnitte und Unterrichtsinhalte	Organisatorische Hinweise
Station 7: „Kastenrad"	
Ein Kind turnt (mit Hilfestellung) ein Rad über den Kastendeckel (längs), die Hilfestellung führt das Rad von unten und steht am Rücken des turnenden Kindes. Geführt wird mit beiden Händen an der Hüfte. In der Mitte des Rads hält die Hilfestellung den Turnenden kurz an, damit das Kind die Körperhaltung in der Mitte des Rades (mit gerade Hüftführung) spüren kann.	**Hinweis:** Die Lehrkraft führt das Rad, indem sie neben dem Kind (nicht auf dem Kastendeckel) steht. Geführt wird mit beiden Händen an der Hüfte. In der Mitte des Rads hält die Lehrkraft das turnende Kind kurz an, damit das Kind die Körperhaltung in der Mitte des Rades (mit gerade Hüftführung) spüren kann.
Station 8: „Sprungbrettrad" – nur für die Doppelstunde	
Die Kinder stehen zu Beginn auf dem Sprungbrett und setzen die Hände auf der schiefen Fläche so auf, dass sie nach unten turnen (leichte Variante).	**Hinweis:** Wenn einzelne Kinder das Rad schon sehr gut beherrschen, können sie umgekehrt von unten nach oben turnen und landen dann hinter dem Sprungbrett auf dem Boden (die Hände setzen auf der schiefen Ebene des Sprungbretts auf).
Stundenausklang	
Klo-Spiel	
Ein bis zwei Kinder werden zu Fängern ernannt, die in einem abgegrenzten Spielfeld die anderen Kinder fangen sollen. Die Fänger fangen die Mitspieler. Ein Gefangener setzt sich auf den Boden, winkelt die Knie an und hebt einen Arm. Um die Gefangenen zu befreien, setzen sich die noch freien Läufer auf die angestellten Knie der Gefangenen und ziehen „die Klo-Spülung" indem sie den Arm des Gefangenen runter drücken.	

7 Le Parkour

Nach zwei Stunden rund um das Thema Überschlagen wird in der Stunde 7 das Balancieren, Springen, Schwingen und Landen in den Vordergrund gestellt. Dazu fordern die Bildungspläne bspw. verschiedene Situationen des Schwingens und Kletterns zu erkunden, zu erfassen, zu üben und zu gestalten. Folglich werden die handzentrierten Bewegungen, u. a. Klettern, Schwingen, Klimmen, Stoßen, Drücken und Stützen aufgegriffen und an einem didaktisch an Funke-Wienecke (1989) und Laging (1991) orientiertem Parcours selbstständig bewältigt.

Das Aufwärmspiel „Linienlauf mit Handgerät" soll neben einer kurzen Herz-Kreislauf-Erwärmung das Gleichgewicht schulen. Der Aufbau der Stationen wird viel Zeit in Anspruch nehmen, daher eignen sich Doppelstunden besser als Einzelstunden für die Durchführung. **In Einzelstunden können einzelne Stationen verwendet werden.**

Die Stationen sollen im Sinne Lagings und Funke-Wieneckes selbstständig ausprobiert werden. Der Bezug zum Trendsport Le Parkour ist gegeben, muss jedoch im Rahmen der Stunde nicht explizit hergestellt werden. Vielmehr sollen die Kinder herausfinden, wie sie die Stationen schnellstmöglich und/oder am einfachsten überwinden können. Um sicher landen zu können, ist die Schulterrolle (Judorolle) eine sichere Variante, die zwar dem Gerätturnen thematisch entgegen steht, dennoch aus Sicherheitsgründen vorzuziehen ist. Diese Rolle wird vorab geübt oder kann schon in vorangehenden Stunden thematisiert werden.

Den Abschluss bildet eine kleine Demonstration jedes einzelnen Kindes, das an seiner Lieblingsstation zeigen darf, wie es diese überwindet.

Benötigte Materialien

- Pro Kind ein Handgerät (Chiffontücher, Seile, etc.)
- 1 Bodenrollmatte
- 3 Turnbänke
- 2 Kleinkästen
- 1 Weichbodenmatte
- 1 Kastenoberteil
- 1 Kasten (2-teilig)
- 3 Kästen (3-teilig)
- 5 (blaue) Turnmatten
- Musik für Abschlussüberquerung
  (ggf. auch während der Stunde)

Stundenverlauf Stunde 7: *Le Parkour*

Stundenabschnitte und Unterrichtsinhalte	Organisatorische Hinweise
Aufwärmphase	
Linienlauf mit Handgeräten	
Zum Aufwärmen erhalten alle Kinder ein Handgerät (Keule, Ball, Seil, Gymnastikreifen, Gymnastikband, Zauberschnur, Chiffon-Tücher). Mit dem Gegenstand spielend laufen die Kinder auf den Linien der Halle entlang. Begegnen sich zwei Kinder, so stellen sie sich einbeinig auf die Linie und übergeben dem jeweils anderen Kind ihr Gerät.	Es können auch andere Handgeräte aus dem Geräteraum verwendet werden.
Dehnübungen	***Kräftigung/Rumpfstabilisation***
Dehnübung 1: Oberschenkelrückseite/rückwärtige Beinschlinge	Kräftigungsübung 3: Liegestützposition
Dehnübung 2: Oberschenkelvorderseite	
Dehnübung 3: Innenseite Oberschenkel	
Dehnübung 6: Wadenmuskulatur	
Übungsphase	
Übungen zum richtigen Abrollen (auf einer Rollmatte)	
Die Kinder stehen auf der Rollmatte und rollen seitlich über eine Schulter ab (jedes Kind darf die Seite selber wählen). Dazu tief gehen, die linke Hand aufsetzen, rechten Arm zur linken Schulter führen und über die rechte Schulter abrollen.	Besonders geachtet werden sollte auf das seitliche Abrollen über die Schulter und die nachgebende Armmuskulatur vor dem Abrollen über die Schulter.
Wenn die Kinder dies schon beherrschen, kann ein Strecksprung geturnt werden, bevor abgerollt wird.	Wird über die rechte Schulter gerollt, wird das rechte Bein stärker gebeugt und gebeugt nachgeschwungen, um anschließend schnell aufstehen zu können.
Beherrschen die Kinder auch diese Variante, können sie von einem Kleinkasten herunterspringen, auf den Füßen landen und anschließend abrollen.	

Stundenabschnitte und Unterrichtsinhalte	Organisatorische Hinweise

Le Parkour: Stationenbetrieb mit Großgerätekombinationen

Gemeinsamer Aufbau der Stationen.

Station 1: „Dreieck“ (vgl. Abb. 59)
Drei Turnbänke, die jeweils im spitzen Winkeln zueinander stehen.

Station 2: „Katzensprung“ – nur für die Doppelstunde
Bodenläufer, auf dem ein zwei- bis dreiteiliger Kasten steht.

Station 3: „Tic Tac“
Kleinkasten, der im 45°-Winkel in einer Turnhallenecke steht.

Station 4: „Treppenlauf“ (vgl. Abb. 60)
Kastentreppe vor einem Weichboden.

Station 5: „Unterschwung“ – nur für die Doppelstunde
Reckanlage mit 4–6 (blauen) Turnmatten.

Station 6: „Tarzan“ (vgl. Abb. 61) – nur für die Doppelstunde
Kleinkasten vor Tau(en), Weichbodenmatte, 4-tlg. Kasten.

Aufgabe

Die Kinder sollen die einzelnen Stationen so überwinden, wie es für sie am einfachsten ist bzw. am schnellsten geht (Beispiel Dreieck: überradeln, überlaufen, überspringen).

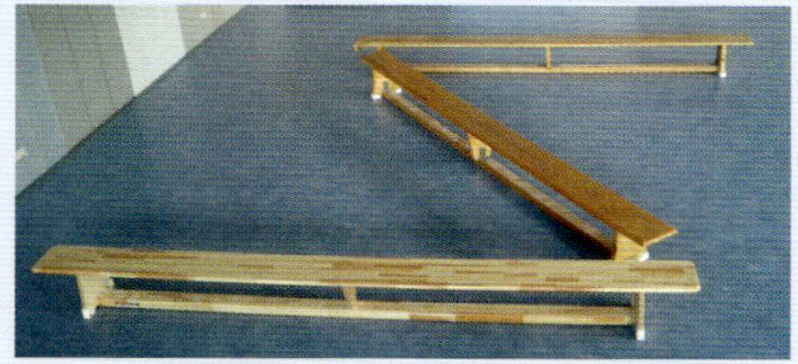

Abb. 59: Station 1 „Dreieck“

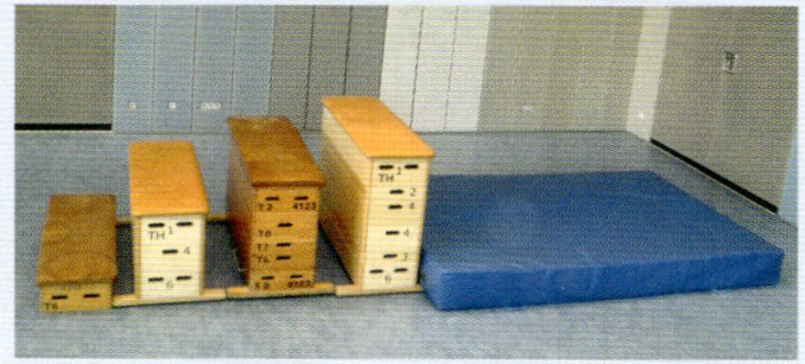

Abb. 60: Station 4 „Treppenlauf“

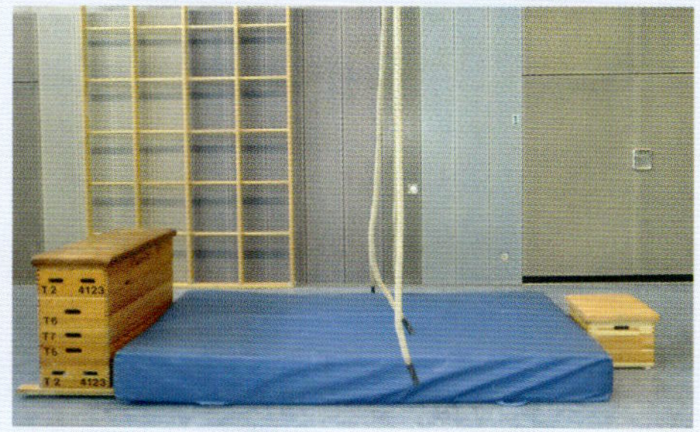

Abb. 61: Station 6 „Tarzan“

Stundenausklang

Vorführung der Sprünge

Jedes Kind **darf** an seiner Lieblingsstation einen Sprung/ eine Überquerung vormachen. Es kann auch ein Lauf durch alle Stationen gezeigt werden.

Kinder, die nicht vorturnen wollen, feuern die anderen Kinder an.

8 Hüftaufschwung (vorlings rückwärts)

Der Hüftaufschwung vorlings rückwärts ist eine Aufschwungbewegung am Reck, bei der sich der Körper rückwärts um die Stange dreht. Oft kann man Kinder dabei beobachten, dass sie an den Stangen auf Spielplätzen versuchen, hoch in den Stütz zu kommen. Schnell erkennt man, welche Kinder den Hüftaufschwung in der Schule oder im Verein gelernt haben, da diese Kinder erkannt haben, wohin sie Schwungbein- und Druckbeinimpuls richten müssen und welche Funktion die Arme haben. Kinder, die dieses Element nur über Versuch und Irrtum üben, finden sich meist mit gestreckten Armen im Hang wieder.

Die Bezeichnung des Elements in der Turnsprache bezieht sich auf die Stellung und Bewegungsrichtung. Vorlings bezeichnet die Position des Kindes zum Gerät, das die Stange vor sich hat. Die Bezeichnung rückwärts bezieht sich auf die Drehrichtung des Aufschwungs, die beim Hüftaufschwung rückwärts um die Stange erfolgt.

Ziel der Stunde ist, den Kindern erste Erfahrungen mit dem Hüftaufschwung, Anregungen zum Üben auf dem Spielplatz und mögliche gegenseitige Hilfen zu vermitteln. Dass die Kinder nach einer Doppelstunde noch keinen fertigen Hüftaufschwung allein hinbekommen, ist selbstredend. Selbst Anwärterinnen und Anwärter auf das Studium der Sportwissenschaft haben teilweise erhebliche Probleme mit der Koordination von Schwungbein, Druckbein und Armzug.

Zum Erlernen des Hüftaufschwungs bietet sich eine methodische Reihe an, um schnellstmöglich die grundlegenden technischen Feinheiten zu erfahren. Vorausgesetzt werden die Haltekraft für das eigene Körpergewicht sowie soviel Beinbeweglichkeit, dass das Schwungbein bis zur Waagrechten geschwungen werden kann, ohne dass das Kind abspringen muss. Didaktisch orientiert sich diese Stunde am Sportartenkonzept von Söll (2000).

Das vorbereitende Spiel steht ohne konkreten Bezug auf das zu erlernende Element. Die Kinder laufen beim Sechs-Tage-Rennen im gleichmäßigen Tempo und haben dabei als Mannschaft den Anreiz, möglichst viele Runden zu schaffen. Am Ende der Stunde wird das Sechs-Tage-Rennen noch einmal gespielt, mit dem Ziel, die eigene Leistung zu verbessern und mehr Runden zu schaffen.

Die Übungsphase beginnt mit zwei Vorübungen zum Kennenlernen der Rückwärtsdrehung. An Gymnastikstäben und an den Tauen versuchen die Kinder sich zu drehen, wobei an den Gymnastikstäben Hilfe durch ein an den Beinen ziehendes Kind gewährt wird. An den Tauen können Hilfestellungen die Aufwärtsbewegung unterstützen.

Der Hüftaufschwung ist eine 360°-Rotation rückwärts um die Reckstange. Dabei wird der Körper von einer niedrigeren Position auf eine höhere Position angehoben und erfordert daher einen 11
Kraftimpuls. Dies kann in der Grundschule über den Einsatz von Schwung- und Druckbein geschehen. Die Kinder stehen hinter (aber nahe) der Stange, das Druckbein wird unter die Stange gesetzt. Das Schwungbein wird bis über die Waagrechte geschwungen, bevor das Druckbein zum Einsatz kommt und versucht, das Schwungbein zu überholen. Dabei wird die Hüfte an die Stange gebracht (nicht mit gestreckten Armen nach unten fallen, sondern den Körper mit den Armen an die Stange heranziehen). Wenn der Kopf nach unten zeigt, wird die Hüfte etwas stärker gebeugt, sodass die Beine hinter die Reckstange gelangen. Über die Anspannung in der Gesäßmuskulatur wird der Oberkörper aufgerichtet. Bei der gesamten Bewegung ist das Kinn an der Brust, die Kinder sollen den Kopf nicht nach hinten in den Nacken überstrecken.

Benötigte Materialien

- 1 Barren
- 2 Reckanlagen
- 1 Tauanlage
- 2 Weichbodenmatten
- Je vier Kinder eine (blaue) Turnmatte oder Niedersprungmatte
- Je vier Kinder einen Turnstab
- 2 Kleinkästen
- 1 Kasten (3-teilig)

Stundenverlauf Stunde 8: *Hüftaufschwung am Reck (vorlings rückwärts)*

Stundenabschnitte und Unterrichtsinhalte	Organisatorische Hinweise
Aufwärmphase	
„6-Tage-Rennen“ Die Kinder werden in 4 Gruppen eingeteilt. In jeder Mannschaft wird ein Spielführer bestimmt. Die Aufgabe des Spielführers ist es, die Runden seiner Gruppe zu zählen. Jede Mannschaft hat die Aufgabe, in der vorgegebenen Zeit möglichst viele Runden als Mannschaft zu schaffen. Dabei gilt es zu berücksichtigen, dass immer (nur) 2 Kinder der Mannschaft gemeinsam laufen. Nach jeder Runde darf maximal 1 Kind ausgewechselt werden, ein Kind darf nicht mehr als 3 (oder 4) Runden am Stück laufen. Am Ende der Stunde erfolgt ein zweiter Lauf, bei dem die Kinder versuchen sollen, ihr Mannschaftsergebnis zu übertreffen.	**Hinweise** • 4 Pylone in den Hallenecken • In Einzelstunden 5–7 Minuten Laufzeit, in Doppelstunden ca. 10 Minuten Laufzeit. • Den Kindern vorab klar machen, dass es wichtig ist, die ganze Zeit mit gleichmäßigem Tempo durchlaufen zu können. Die Kinder sollen nicht mit Sprints beginnen, um später kaum mehr eine Runde zu schaffen. • Innerhalb der Mannschaften kann auch taktisch ausgewechselt werden, d. h. weniger ausdauernde Kinder laufen weniger Runden, ausdauerndere Kinder mehr Runden.
Dehnübungen Dehnübung 1: Oberschenkelrückseite/rückwärtige Beinschlinge Dehnübung 2: Oberschenkelvorderseite Dehnübung 4: Schulter/Oberarmrückseite/Arm-Rumpf-Winkel	***Kräftigung/Rumpfstabilisation*** Kräftigungsübung 1: Schiffchen (vor- & rückwärts) Kräftigungsübung 2: Unterarmstütz seitlich (rechts & links)
Gemeinsamer Aufbau der Stationen	
Station 1: „Matten“ Je 4 Kinder eine Matte mit einem Turnstab in der Halle verteilen. ***Station 2: „Tau-Drehung“*** Tauanlage mit untergelegter Weichbodenmatte unter zwei Tauen. Zweimal aufbauen – 2 Matten unter 4 Taue legen. ***Station 3: „Reckanlage mit Kasten“ (vgl. Abb. 62)*** 1 Reckanlage mit Reckstange auf Kinn- bis Stirnhöhe, jeweils 3 (blaue) Turnmatten oder Niedersprungmatten, ein 3-tlg. Kasten	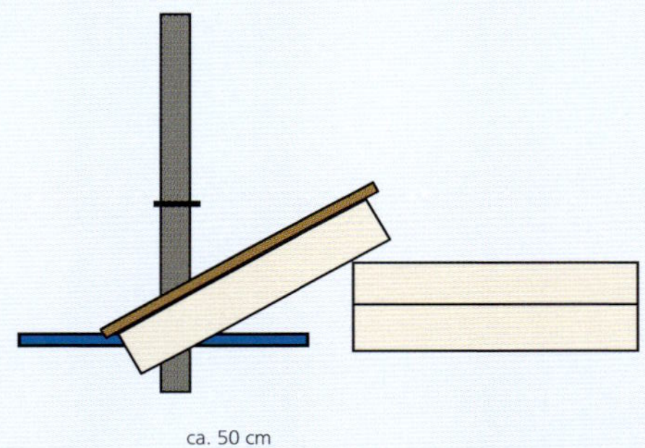 Abb. 62: Station 3 „Reckanlage mit Kasten“

Stundenabschnitte und Unterrichtsinhalte	Organisatorische Hinweise
Station 4: „Reckanlage mit Kleinkasten“ – nur für die Doppelstunde 1 Reckanlage mit Reckstange auf Stirnhöhe, jeweils 3 (blaue) Turnmatten oder Niedersprungmatten, 1 Kleinkasten ***Station 5: „Gestufter Barren“ (vgl. Abb. 63) – nur für die Doppelstunde*** Barren mit einem hohen (auf Kinn- bis Stirnhöhe) und einem niedrigen (auf Hüfthöhe) Holm, 2 (blaue) Turnmatten. Ist der niedrige Holm nicht auf Hüfthöhe zu stellen, können zwei kleine Kästen zur Erhöhung vor den hohen Holm gestellt werden, der dann so hoch gestellt werden soll, dass dieser Stirnhöhe hat, wenn die Kinder auf den kleinen Kästen stehen.	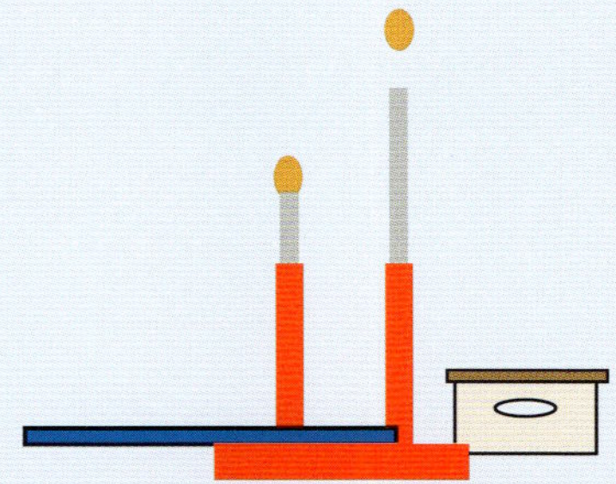 Abb. 63: Station 5 „Gestufter Barren“
Übungsphase	
Demonstration oder Video des Hüftaufschwungs durch die Lehrkraft oder ein Kind. Die Lehrkraft erläutert kurz die Knotenpunkte, die möglichen Übungsformen und die notwendige Hilfestellung.	
„Alles dreht sich“	
4 Kinder bilden eine Kleingruppe.	**Hinweis:** Die Lehrkraft demonstriert mit einer Gruppe, bevor alle Gruppen an Station 1 und 2 starten.
Station 1: „Matten“ Kind 1 ist in der Kipplage und presst einen Turnstab in die Hüftbeuge, Kind 2 steht hinter Kind 1 und hält dessen Füße. Kind 3 und Kind 4 fassen den Stab und heben Kind 1 hoch. Kind 1 richtet dabei seinen Oberkörper in den Stütz auf.	
Station 2: „Tau-Drehung“ Das turnende Kind greift zwei Taue und zieht seine Beine vorhoch, bis die gebeugten Beine vor (oder sogar über) dem Kopf sind, dann wieder zurück drehen.	Bei Station 2 kann Hilfestellung notwendig sein. 2 Helfer stehen links und rechts neben dem Kind und unterstützen die Drehbewegung durch Druck an Oberschenkel-Rückseite und unterem Rücken.

Stundenabschnitte und Unterrichtsinhalte	Organisatorische Hinweise
Hüftaufschwung mit Abdruckhilfe	
Station 3: „Reck mit Kasten“ Die Kinder stehen nahe an der Reckstange. Mit zwei bis drei Beinkontakten laufen sie am Kastenoberteil entlang, um die Beine dann vom Kastenoberteil über die Reckstange zu schieben.	**Hinweis:** Die Lehrkraft achtet darauf, dass die Kinder während des Aufschwungs das Kinn an die Brust nehmen.
Station 4: „Reck mit Kleinkasten“ – nur für die Doppelstunde Die Kinder stellen sich nahe an die Reckstange. Mit dem Schwungbein- und Druckbeineinsatz versuchen, die Beine über und hinter die Stange zu schwingen. Dabei kann zur Unterstützung ein Bein auf dem Kleinkasten abgestellt werden, so dass die Aufschwungbewegung vereinfacht wird.	**Hilfestellung:** Die Hilfestellungen (2 Helfer) stehen links und rechts des turnenden Kindes. Jedoch vor der Reckstange. Die recknahe Hand umfasst die Schulter, wobei der Daumen nach vorne zeigt, die reckferne Hand greift bereits während des Laufens an die Oberschenkelrückseite und schiebt das turnende Kind in Richtung der Reckstange.
Station 5: „Gestufter Barren“ – nur für die Doppelstunde Am Barren stehen die Kinder auf dem Kleinkasten, greifen am hohen Holm und drücken mit dem Druckbein vom unteren Holm ab.	**Hilfestellung:** Die Hilfestellungen (2 Helfer) stehen links und rechts des turnenden Kindes zwischen den Barrenholmen. Die dem turnenden Kind nähere Hand umfasst die Schulter, wobei der Daumen nach vorne zeigt, die fernere Hand greift an der Oberschenkelrückseite und schiebt das turnende Kind in Richtung der Reckstange.
Hüftaufschwung ohne Abdruckhilfe	
Station 3 und 4: „Reck“ – nur für die Doppelstunde Den Kasten und den Kleinkasten entfernen. Die Kinder stehen nahe an der Reckstange. Die Kinder stellen ihr Abdruckbein direkt unter die Reckstange, schwingen mit dem Schwungbein nach vorne-oben, drücken sich mit dem Druckbein ab und versuchen dabei, die Hüfte schnell an die Stange zu bringen. Gleichzeitig sollen die Beine schnell über und hinter die Stange gebracht werden.	**Hilfestellung:** Die Hilfestellungen (2 Helfer) stehen links und rechts des turnenden Kindes. Jedoch vor der Reckstange. Die recknahe Hand umfasst die Schulter, wobei der Daumen nach vorne zeigt, die reckferne Hand greift bereits während des Laufens an die Oberschenkelrückseite und schiebt das turnende Kind in Richtung der Reckstange.
Gemeinsamer Abbau der Geräte	
Stundenausklang	
Revanche des 6-Tage-Rennens Die Kinder sollen versuchen, ihr Mannschaftsergebnis vom ersten Lauf beim Aufwärmen zu verbessern.	

9 Synchronspringen mit Minitramp

Die Kinder sollten für diese Stunde das Springen am Minitramp und am Sprungbrett bereits kennen gelernt haben, da die Stunde „Synchronspringen mit Minitramp" auf vorherige Sprungerfahrungen zurückgreift.

Ziel der Stunde ist, durch selbstständiges Ausprobieren und durch vom Lehrer angeleitete Anweisungen verschiedene Sprünge vom Minitramp auf eine Weichbodenmatte synchron mit zwei Mitschülern ausführen zu können. Neben der Grundtätigkeit Springen kommen die Orientierungsfähigkeit sowie soziale Komponenten durch Orientierung am Partner hinzu. Das Springen mit dem Minitramp selbst verbessert die Körperhaltung, da Muskeln des „Mittelkörpers", der sogenannte Core-Bereich, beim Springen und Landen kontrahieren.

Didaktisch ist diese Stunde erneut eine Mischung aus verschiedenen Ansätzen und lässt sich nicht eindeutig zuordnen. In einem Teil der Stunde, insbesondere bei Doppelstunden, sollen die Kinder selbstständig agieren und u. a. sich selbst Sprünge ausdenken. In einem anderen Teil springen die Kinder auf Anweisung des Lehrers vorgegebene Sprünge. Gerade im zweiten Teil wird Wert auf die Gruppenkommunikation und das gemeinsame Turnen gelegt, womit wir uns vom Individualsportgedanken des bekannten Gerätturnens entfernen.

Eine Besonderheit dieser Stunde ist die Verwendung des Minitramps. Meist sind die Kinder bei der Verwendung eines Minitramps von Haus aus begeistert, oft sogar übermotiviert. Es ist daher besonders darauf zu achten, dass die Kinder klare Regeln befolgen. Die wichtigsten Regeln beim Minitramp sind:

- Auf jedem Minitramp springt immer nur ein Kind.
- Kein Kind läuft in den Anlaufweg eines anderen Kindes.
- Es darf nur gesprungen werden, wenn die Landefläche frei ist.

Hinweis

Sollten die Kinder noch nicht viel Erfahrung mit dem Minitramp haben und die Gefahr beim Einsprung vom Boden groß sein, sollten als Anlauf Kastenoberteile oder Turnbänke verwendet werden.

Benötigte Materialien

- 3 Minitramps
  (alternativ für ein Minitramp: ein 5-tlg. und ein kleiner Kasten)

- 3 Weichbodenmatten
  (alternativ für eine Weichbodenmatte: Niedersprungmatten, (blaue) Turnmatten gestapelt)

- Bei Bedarf 6 Turnbänke oder 6 Kastenoberteile
  (siehe Hinweis oben)

Stundenverlauf Stunde 9: *Synchronspringen mit dem Minitrampolin*

Stundenabschnitte und Unterrichtsinhalte	Organisatorische Hinweise
Aufwärmphase	
Aufwärmspiel „Die Krake“	
3 Kinder halten sich mit einer Hand an einem Seil fest und fangen ihre Mitschüler. Das Seil darf nicht losgelassen werden. Wird ein Kind gefangen, wird es von einem der 3 Anfangsfänger an die Hand genommen und ist somit auch Fänger. Die Kette und somit die Fangarme der Krake werden immer länger.	Das Spiel dient zum Austoben und ist von der Intensität sehr hoch (Fangspiel). Ist die Zeit knapp, kann das Fangspiel weggelassen werden.
Dehnübungen	***Kräftigung/Rumpfstabilisation***
Dehnübung 1: Oberschenkelrückseite/rückwärtige Beinschlinge	Kräftigungsübung 1: Schiffchen (vor- & rückwärts)
Dehnübung 2: Oberschenkelvorderseite	Kräftigungsübung 2: Unterarmstütz seitlich (rechts & links)
Dehnübung 3: Innenseite Oberschenkel	Kräftigungsübung 3: Liegestützposition
Dehnübung 5: Gesäßmuskulatur	
Dehnübung 6: Wadenmuskulatur	
Gemeinsamer Aufbau	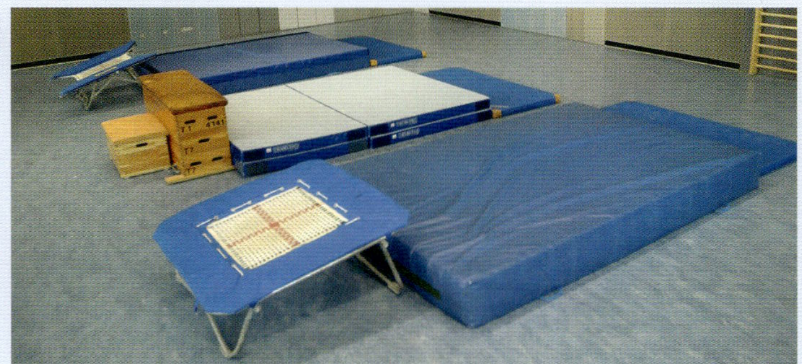
Station Minitramp: (3x nebeneinander aufbauen, vgl. Abb. 64)	
Minitramp vor Weichbodenmatte, dahinter (blaue) Turnmatte (Stoppmatte, leicht mit Weichbodenmatte überlappen)	
Sind keine drei Minitramps vorhanden, kann als Ersatz ein 3- bis 4-tlg. Kasten dienen, von dem heruntergesprungen wird. Ein Sprungbrett sollte nicht als Alternative eingesetzt werden, da hier die Absprungbewegung eine komplett andere ist als beim Minitramp. Vor den Kasten wird ein Kleinkasten gestellt.	Abb. 64: Aufbau mit Alternative bei 3-fach Aufbau (Mitte)

Stundenabschnitte und Unterrichtsinhalte	Organisatorische Hinweise
Spezifisches Aufwärmen* – *nur für die Doppelstunde	
Alle Kinder laufen hintereinander mit ein wenig Abstand, wobei das vorderste Kind die Richtung und die jeweilige Übung angibt. Die zuvor aufgebauten Geräte können beim Laufen einbezogen werden (bspw. vom Kasten runterspringen, über das Minitramp laufen, sich auf die Weichbodenmatte fallen lassen, Hopserlauf, etc.). Das erste Kind wird nach kurzer Zeit vom zweiten Kind in der Schlange abgelöst und hängt sich hinten an der Schlange an.	Das spezifische Aufwärmen dient vor allem der Vorbereitung auf den Hauptteil. Das Abspringen und Landen wird vorbereitet. Haben die Kinder nicht genügend eigene Ideen, kann die Lehrkraft die Spitze übernehmen oder Ideen vorschlagen.
Übungsphase	
Die Kinder verteilen sich auf die drei Stationen und springen nacheinander. Zunächst werden Sprünge geturnt, die die Kinder bereits aus früheren Einheiten kennen. Jedes Kind soll folgende Sprünge turnen: Strecksprung, Strecksprung mit in die Hände klatschen, Hocksprung, Grätschsprung. Anschließend werden 3er-Gruppen gebildet. Jede 3er-Gruppe springt nun synchron, jedes Kind der 3er-Gruppe an einer Sprungstation. Die Kinder versuchen die zuvor wiederholten Sprünge nun synchron auszuführen.	Stehen keine drei Minitramps zur Verfügung, sollten die Kinder nach jedem Sprung die Station wechseln, so dass jedes Kind einmal auf einem Minitramp springt. Bei schwierigen Sprüngen sollte die Lehrkraft Hilfestellung leisten, oder den Sprung verbieten, da jedes Kind der 3er-Gruppe den Sprung ausführen können sollte. Bei Bedarf kann zusätzlich bei jedem Synchronsprung ein Startsignal gegeben werden.
Kreative Sprünge* – *nur für die Doppelstunde	
Die Kinder verteilen sich erneut an den drei Stationen und dürfen sich eigenständig in der 3er-Gruppe neue Sprünge überlegen, die sie ausprobieren möchten. Diese werden zunächst einzeln probiert, dann mit den beiden Partnern synchron.	Es können Sprünge wie Strecksprung 1/2-Drehung, Strecksprung 1/1-Drehung, Bauchplatscher, Salto, Flugrolle, in der Luft klatschen oder sich auf die Schenkel klopfen sowie Freestyle Sprünge vorkommen. Die Lehrkraft sollte mit den Kindern klären, welche Sprünge verboten sind.
Stundenausklang	
Jede 3er-Gruppe zeigt der restlichen Klasse einen beliebigen Sprung synchron. Die zuvor selbst entwickelten Sprünge werden der Klasse vorgeführt. Jedes Team sollte mind. 2 Sprünge zeigen – ***nur für die Doppelstunde.***	Vorab klären, welche Teams nacheinander springen, damit sich diese gleich anstellen können.

10 Balancieren

Zum Abschluss der Turneinheit der Klassen 3 und 4 steht das Thema Balancieren im Mittelpunkt. Dabei wird das Turnen am Schwebebalken vorbereitet, doch gehört Balancieren zu den Grundlagen der Motorik, die bei allen Kindern gut ausgeprägt sein sollte.

Nach dem Aufwärmspiel, bei dem Balancieren bereits eine Rolle spielt, bei dem aber auch Werfen und Fangen sowie die räumliche Orientierungsfähigkeit gefördert werden, probieren die Kinder typische Schwebebalkenelemente wie Sprünge, Halteelemente und Drehungen an verschiedenen Stationen aus. Wenn Kinder noch nicht so sicher sind, können sie auf einer Hallenbodenlinie oder auf einer Turnbank üben; diejenigen, die schon sicherer sind, können auf einer umgedrehten Turnbank, einem Übungsschwebebalken oder gar einem „hohen" Schwebebalken üben. Ist genügend Zeit vorhanden, können Hindernisse überwunden oder Gegenstände über die Balanciergeräte getragen werden. Sind die Kinder motorisch sehr geschickt, können zusätzlich Bälle zugeworfen werden. Dies lässt sich mit den vorhandenen klassischen Gerätturnelementen verbinden, sodass die Konzentration verstärkt auf die Zusatzaufgaben gelegt werden kann.

Didaktisch orientiert sich die Stunde an Söll (2000), auch wenn sich kein konkreter methodischer Aufbau beschreiben lässt. Die Kinder legen fest, an welchen Stationen sie ihre Aufgaben, die sie erhalten, ausprobieren: Wer eine leichte Station geschafft hat, kann von da aus an eine schwerere Station weiter wechseln. Damit ist eine individuelle Steigerung möglich, Ziel sollte jedoch nicht sein, dass alle möglichst alles auf dem „hohen" Schwebebalken ausführen, sondern vielmehr, dass die Übungen präzise durchgeführt werden.

Eine kleine Übungskomposition zum Ende, entweder allein (Einzelstunde) oder in einer Kleingruppe (Doppelstunde) schafft einen runden Stundenausklang, der bei Bedarf verlängert oder weggelassen werden kann, sodass die Stunde flexibler als auf dem Papier dargestellt gestaltet werden kann.

Benötigte Materialien

- Verschiedene Kleingeräte
- 2 Kleinkästen
- 1 Schwebebalken
- 1 Übungsschwebebalken
- 2–3 Turnbänke
- 1 Weichbodenmatte
- 2 Kastenoberteile
- 2 Softbälle
- 3 Medizinbälle
- 3–4 Gymnastikbälle

Stundenverlauf Stunde 10: *Balancieren*

Stundenabschnitte und Unterrichtsinhalte	Organisatorische Hinweise
Aufwärmphase	
Linienlauf mit Musik, Hand- und Großgeräten (als Spiel) Geräte wie Seile, Turnbänke, Kleinkasten und Medizinbälle liegen/stehen auf den Linien des Hallenbodens und müssen von den Schülern überwunden werden, ohne die Linien zu verlassen. Alle Kinder bewegen sich ausschließlich auf den Linien der Turnhalle und steigen dabei über die Geräte. Ein Softball wird gleichzeitig in einer vorher festgelegten Reihenfolge geworfen (Kind 1 zu 2 zu 3, ...). Fällt der Ball auf den Boden, bleiben alle Kinder einbeinig so lange stehen, bis der Ball wieder im Spiel ist. Ist der Ball einmal durch, wird die Laufrichtung der Kinder geändert, d. h. sie drehen sich um 180° und laufen in die entgegengesetzte Richtung weiter.	**Hinweise** Fällt der Ball zu Boden, holt diesen das Kind, das hätte fangen sollen. Klappt das Werfen und Fangen mit einem Ball gut, kann ein zweiter Ball ins Spiel gebracht werden, der in die entgegengesetzte Richtung geworfen wird (von Kind 28 zu Kind 27 zu Kind 26 etc.). **Mögliche Erweiterungen** • Wenn sich zwei Kinder auf einer Linie entgegenkommen, müssen sich beide umdrehen. • Begrenzung des Spielfelds auf einen Teil der Halle. • In festgelegten Zeitabschnitten gibt die Lehrkraft Bewegungsanweisungen für die Fortbewegungsweise der Kinder vor (nur auf Zehenspitzen, seitwärts, rückwärts etc.). → Gefahrenvermeidung (speziell beim Rückwärtsgehen) erwähnen.
Dehnübungen Dehnübung 4: Schulter/Oberarmrückseite/Arm-Rumpf-Winkel Dehnübung 6: Wadenmuskulatur Dehnübung 7: Mobilisation Wirbelsäule Dehnübung 8: Hüftbeuger Dehnübung 9: Partnerübung Schulter	***Kräftigung/Rumpfstabilisation*** Kräftigungsübung 1: Schiffchen (vor- & rückwärts) Kräftigungsübung 3: Liegestützposition

Stundenabschnitte und Unterrichtsinhalte	Organisatorische Hinweise

Übungsphase

Aufbau folgender Stationen

Station 1: Zwei Kastenoberteile hintereinander.

Station 2: Turnbank (nicht umgedreht).

Station 3: Übungsschwebebalken oder umgedrehte Turnbank mit anschließender Weichbodenmatte (vgl. Abb. 65).

Station 4: Linien (Hallenboden)

Station 5: Schwebebalken – ***nur für die Doppelstunde*** (inkl. Mattensicherung) (vgl. Abb. 66).

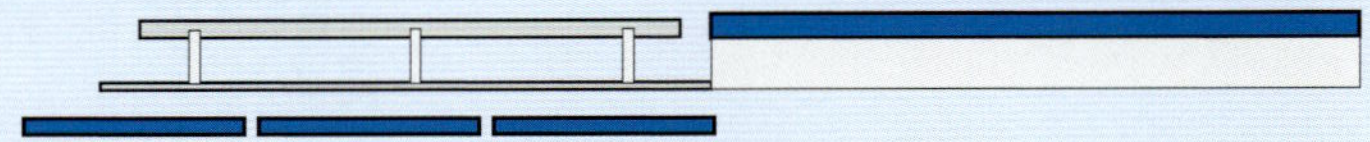

Abb. 65: Station 3

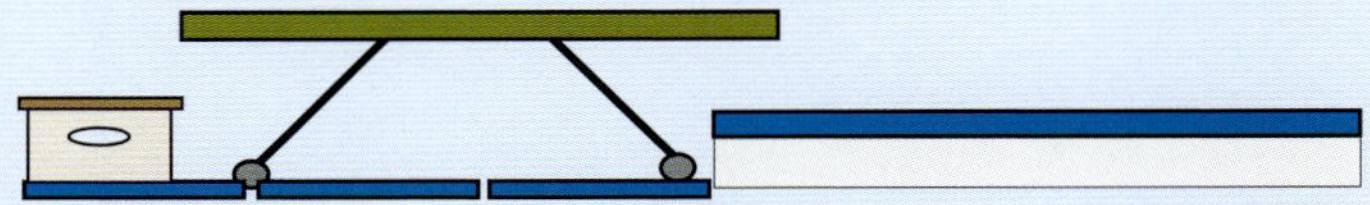

Abb. 66: Schwebebalken

Erproben und Erlernen klassischer Balkenelemente

Die Kinder sollen an den verschiedenen „Balanciergeräten“ folgende Elemente ausprobieren bzw. perfektionieren:

- Strecksprung
- Pferdchensprung (evtl. nur auf Linie/Bank)
- halbe Drehung auf beiden Beinen (Bank)
- Standwaage
- in die Hocke gehen
- Abgänge: Strecksprung, Rolle von der Bank auf Weichbodenmatte

13

Hinweise

Den Schülern sollte freigestellt werden, auf welchem Gerät (Linie, Bank, umgedrehte Bank oder Balken) sie die entsprechenden Elemente ausführen wollen. Koordinativ geschickte oder erfahrene Schüler (Vereinsturner etc.) sollten andererseits nach Ermessen der Lehrkraft ermutigt werden auch zu schwierigeren Geräten (→ Schwebebalken) zu wechseln.

Absicherung

Station 3: Bank bzw. umgedrehte Bank mit blauen Turnmatten sichern.

Station 5: Balken mit Niedersprungmatten oder (blaue) Turnmatten unterlegen, ans Balkenende eine Weichbodenmatten legen, damit die Kinder abspringen können.

Evtl. ein kleines Kästchen als Aufstiegshilfe bereitstellen.

Stundenabschnitte und Unterrichtsinhalte	Organisatorische Hinweise
Zusatzaufgaben – nur für die Doppelstunde	
Z1: Die Kinder sollen ein Hindernis (z. B. Medizinball), das sich auf dem Gerät befindet, überwinden.	**Hinweise** Die Lehrkraft achtet darauf, dass keine Bälle in der Halle herumrollen. Z1: Verschiedene Bälle an den Stationen verteilen.
Z2: Die Kinder sollen einen in der Horizontalen gehaltenen Ball über das Gerät tragen.	Z2: 2–3 Gymnastikbälle je Station.
Z3: Den Kindern wird ein Ball, den sie fangen und wieder zurückwerfen sollen, vor jedem Element zugeworfen.	Z3: Die Lehrkraft wirft den Ball zu. Vorher klären, auf welches Kommando hin der Ball geworfen wird (Blickkontakt oder verbales Kommando).
Stundenausklang	
Kurzübung	
Nach der allgemeinen Lern- und Übungsphase soll jedes Kind auf einem der Geräte folgende Übungskombination ausprobieren: Aufgang, Halteelement, Sprung, Pose, Abgang.	
Gruppenchoreographie – nur für die Doppelstunde	
Nach der allgemeinen Lern- und Übungsphase kann in Kleingruppen eine kurze gemeinsame Choreographie auf einem der Geräte zusammengestellt (und vor der Klasse präsentiert) werden.	Die Choreographie kann die folgenden Bausteine enthalten: Aufgang, Halteelement, Sprung, eine Pose* und den Abgang. Die Kinder können diese selbst zusammengestellte Balkenübung entweder gleichzeitig auf unterschiedlichen Geräten als Synchronübung turnen (wobei jedes Kind dem eigenen Können entsprechend sein Gerät wählt) oder es kann in der Kleingruppe auf einem Gerät geturnt werden.

* Als Pose wird eine freigestellte, ästhetische Bewegung verstanden, die jedoch keinem beschriebenem Turnelement entspricht.

11 Akrobatik

Mit der Stunde Akrobatik wird ein zusätzlicher Schwerpunkt in die Unterrichtseinheiten gebracht, der etwa im Lehrplan von Niedersachsen explizit erwähnt ist. Neben Körperspannung, Kraft, Gleichgewicht und Geschicklichkeit sind soziale Aspekte der Kinder von Nöten, etwa wenn abgesprochen werden muss, wer an welcher Stelle positioniert wird, wer in welcher Reihenfolge wohin treten muss oder wer an welcher Stelle wie berührt werden darf oder wenn bloße (schwitzende) Füße gegriffen werden müssen. Gleichzeitig kann jedes Kind der Gruppe eine eigene Rolle bei den Gruppenaufgaben finden. Bei Gleichgewichtsübungen ist darauf zu achten, dass die Partner in etwa gleich schwer sind, bei Pyramiden sind schwerere Kinder ideal als Unterbau einsetzbar und haben damit eine tragende Rolle, auch bei Vorführungen. Bei offenen Aufgaben können die Kinder darüber hinaus eigene Ideen in die Stunde einbringen. Die Lehrkraft hat eine eher beratende Rolle, sicherlich wird an der einen oder anderen Stelle aber ihre Hilfe benötigt.

Hinweis

Da bei dieser Art Ringbuchbindung lediglich eine max. Anzahl von 176 Seiten möglich ist, wurde aus Platzgründen die „Stunde 11 Akrobatik“ als PDF-Datei zum Download zur Verfügung gestellt. Den Link hierzu finden Sie auf der Umschlagseite 3.

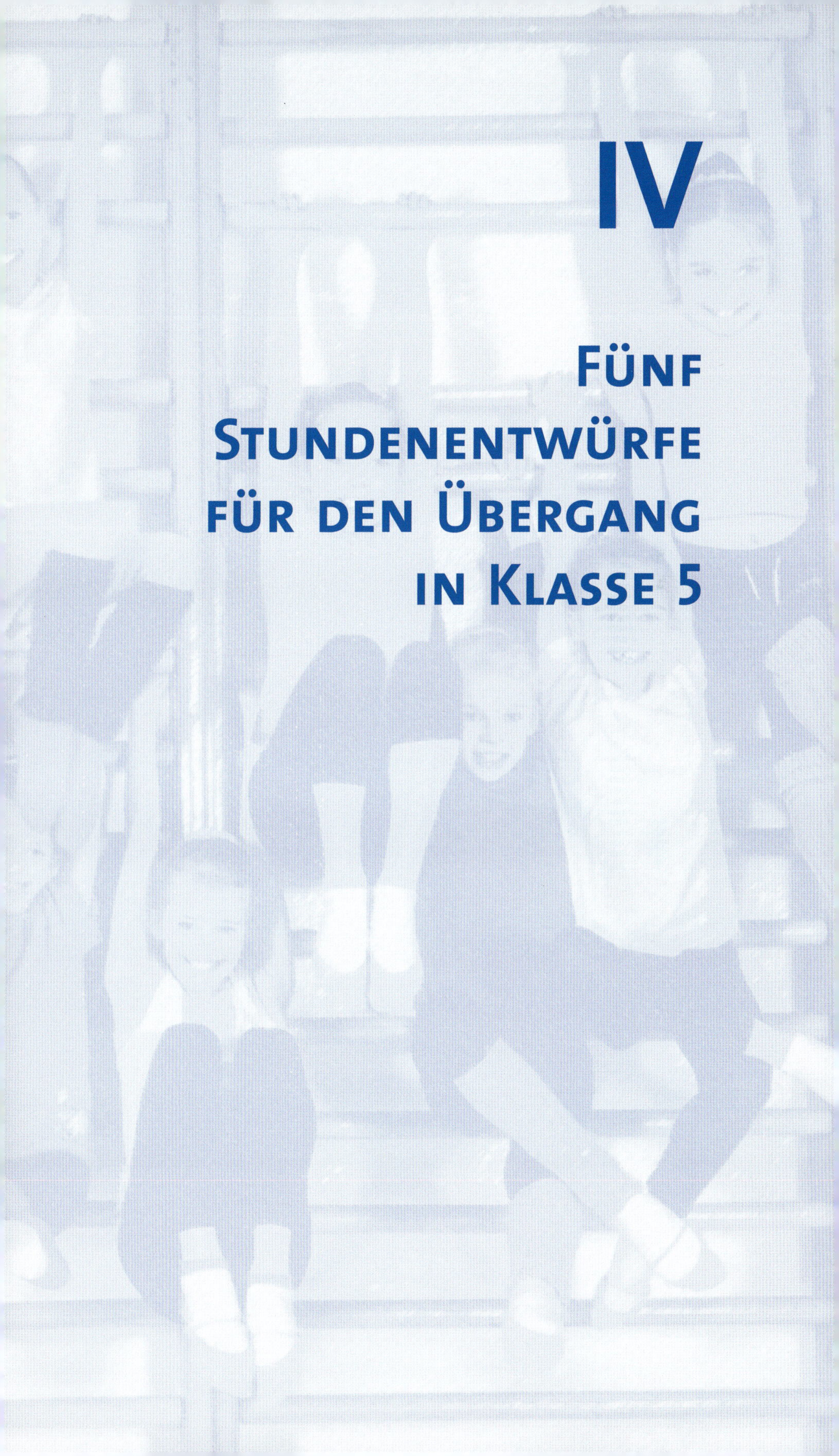

IV

Fünf Stundenentwürfe für den Übergang in Klasse 5

1 Bewegungslandschaft

Als Einstieg in den Übergang von Klasse 4 zu Klasse 5 bietet sich eine Bewegungslandschaft an, mit der die Grundmerkmale des Turnens sowie die in den vergangenen Jahren durchgeführten Elemente (Fertigkeiten) wiederholt werden sollen. Die Kinder sollen lernen, sich geschickter und sicherer an den Geräten zu bewegen, wie es u. a. im Bildungsplan von Baden-Württenberg, Rheinland-Pfalz oder Sachsen-Anhalt formuliert ist. Didaktisch orientiert sich diese Einheit an den Stundenblättern von Laging (1991).

Hinweis

Da bei dieser Art Ringbuchbindung lediglich eine max. Anzahl von 176 Seiten möglich ist, wurde aus Platzgründen die „Stunde 1 Bewegungslandschaft“ als PDF-Datei zum Download zur Verfügung gestellt. Den Link hierzu finden Sie auf der Umschlagseite 3.

2 Rad und Handstand

Nachdem der Handstand und das Rad in den vorangegangenen Stunden (Klasse 1 und 2 bzw. Klasse 3 und 4) bereits in einer Grobform erlernt wurden, sollen diese beiden grundlegenden Elemente mit der heutigen Stunde verbessert werden. Hierfür lösen die Kinder verschiedene Bewegungsaufgaben, um so in Richtung Feinform Rad und Handstand zu üben. Methodisch orientiert sich die Stunde am Sportartenkonzept (Söll, 2000), mittels methodischer Reihen wird gezielt an den Elementen gearbeitet.

Biomechanisch betrachtet findet beim Aufschwingen in den Handstand eine 180° Vorwärtsrotation um die Körperbreitenachse statt. Die Kinder setzen das Druckbein nach vorne, beugen den Oberkörper, verlagern das Gewicht auf die weit nach vorne gesetzten Hände, schwingen mit dem Schwungbein nach hinten oben, drücken sich dabei mit dem Druckbein schnellkräftig ab, sodass das Druckbein das Schwungbein kurz vor der Senkrechten einholt. Die oben erwähnten weit nach vorne gesetzten Hände, etwa eine Rumpflänge, erleichtern den Kindern in den Handstand zu kommen. Die Lehrkraft achtet darauf, dass die Schultern nicht frühzeitig über die Stützstelle nach vorne verschoben werden, sonst fallen die Kinder um (rollen frühzeitig und unkontrolliert ab).

Das Rad ist eine Rotation um alle Körperachsen. Die Vorwärtsrotation um die Körperbreitenachse erfolgt mit einer Teilrotation um die Körperlängsachse, dies führt zu einer Teilrotation um die Körpertiefenachse bis zum Zeitpunkt des Stützes der zweiten Hand.

Zunächst werden das Druckbein nach vorne gestellt und dabei die Arme nach oben gestreckt. Der Oberkörper wird gesenkt, die erste Hand setzt etwa eine Rumpflänge vor dem Druckbein auf. Dann folgt das Schwungbein und direkt darauf das Druckbein, wodurch der Aufsatz der zweiten Hand (schulterbreit oder breiter) erfolgt. Haben die Kinder genügend Schwung, setzt das Schwungbein etwas entfernt der zweiten Hand auf, der Oberkörper wird nach Handabdruck aufgerichtet und dabei das Druckbein mit aufgesetzt.

Das Aufwärmen enthält neben dem allgemeinen Aufwärmen spezifische Übungen zur Verbesserung der Stützkraft der Kinder und bereitet gleichzeitig auf den Hauptteil der Stunde vor. In der Übungsphase wird mittels eines Stationenbetriebs gearbeitet.
Je nach Anzahl der Kinder und der vorhandenen Zeit können bis zu acht Stationen ausgewählt werden, davon fünf bezogen auf die Vermittlung des Rads, drei Stationen mit Blick auf den Handstand.

Zum Ausklang der Stunde wird ein Exkurs mit dem Schwerpunkt Akrobatik angeboten. Entgegen zu den sonst üblichen Abschlussspielen probieren die Kinder verschiedene akrobatische Übungen aus, die sie im Idealfall in Klasse 3 und 4 (vgl. Stunde 11) bereits kennengelernt haben. Bei der Akrobatik spielt das Miteinander und die Abstimmung mit dem Partner oder mehreren Partnern eine wichtige Rolle; niemand kann allein eine schöne Figur bauen und jedes Kind, egal ob leicht oder schwer, zurückhaltend oder fordernd, sollte hierbei seine Rolle finden.

Benötigte Materialien

- 2 Kastenoberteile
- 5 (blaue) Turnmatten
- 3 Gymnastikseile
- 1 Kasten (4- bis 5-teilig)
- 2 Weichbodenmatten
- 1–2 Rollmatten

Stundenverlauf Stunde 2: *Rad und Handstand*

Stundenabschnitte und Unterrichtsinhalte	Organisatorische Hinweise
Aufwärmphase	
Musikstoppspiel Haushaltsgeräte Die Kinder bewegen sich zu Musik durch die Halle. Wenn die Musik stoppt, führen sie folgende Aufgaben durch: • **Tisch** (2 Kinder) Kind A und Kind B gehen in Liegestützposition, zusätzlich hat Kind B die Füße auf den Schultern von Kind A. • **Kronleuchter** (3 Kinder) Kinder A, B und C machen eine Kerze. Die Aufstellung ist dabei kreisförmig und der Rücken der Kinder zeigt jeweils zur Mitte, damit ein schöner Kronleuchter entsteht. • **Schere** (1 Kind) Beine und Arme werden gleichzeitig geöffnet und geschlossen (Hampelmann/ Jumping Jack). • **Nudelholz** (4 Kinder) Kind A liegt gestreckt auf dem Rücken, Kinder B und C halten Kind A an Armen und Beinen. Das Kind D rollt das Kind A wie ein Nudelholz an Hüfte und Oberschenkel. Bleibt ein Kind übrig, bestimmt dieses die nächste Fortbewegungsart, mit der sich alle Kinder bis zum nächsten Musikstopp durch die Halle bewegen.	**Zusätzliche Materialien:** Musikanlage mit Musik
Dehnübungen Dehnübung 4: Schulter/Oberarmrückseite/Arm-Rumpf-Winkel Dehnübung 7: Mobilisation Wirbelsäule Dehnübung 8: Hüftbeuger Dehnübung 9: Partnerübung Schulter	***Kräftigung/Rumpfstabilisation*** Kräftigungsübung 1: Schiffchen (vor- & rückwärts) Kräftigungsübung 3: Liegestützposition

Stundenabschnitte und Unterrichtsinhalte	Organisatorische Hinweise
Übungsphase	
Aufbau der verschiedenen Stationen Die Kinder werden in die Anzahl an Gruppen aufgeteilt, wie Stationen aufgebaut werden sollen (siehe Bemerkung Einleitung). Die Kinder üben in einer vorgegebenen Zeit an der Station und wechseln dann eine Station weiter. Station 5 und 8 werden zunächst nicht besetzt: an dieser Station üben die Kinder, wenn sie das jeweilige Element schon so gut können und von der Lehrkraft an die Station geschickt werden.	**Hinweise** Stationen 1–5 thematisieren das Rad, Stationen 6–8 den Handstand. An den Stationen 6–8 wird seitens der Lehrkraft die Hilfestellung demonstriert, damit sich die Kinder gegenseitig helfen können.
Station 1: Rad über einen Kastendeckel (vgl. Abb. 85) 15 Die Kinder setzen das erste Bein auf der Turnmatte vor dem Kastendeckel auf. Die Stützphase der Hände findet auf dem quergestellten Kastendeckel statt. Das zweite Bein setzt schließlich auf der Turnmatte hinter dem Kastendeckel auf.	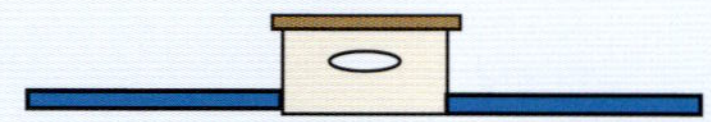 Abb. 85: Station 1: ein Kastenoberteil (Kastendeckel), zwei (blaue) Turnmatten
Station 2: Rad über eine Matte (vgl. Abb. 86) 16 Diese Station ähnelt Station 1. Das Rad wird wie in Station 1 auf dem Boden angesetzt. Die Stützphase der Hände erfolgt auf der quergelegten Turnmatte, beendet wird das Rad auf dem Boden.	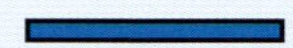 Abb. 86: Station 2: (blaue) Turnmatte
Station 3: Rad über einen Graben (vgl. Abb. 87) – nur für die Doppelstunde 17 Der Graben wird mittels zweier Gymnastikseile, die in einem Abstand von ca. 40 cm auf der Rollmatte parallel zueinander gelegt werden, gebildet. Die Hände sollen zwischen den Seilen aufgesetzt werden.	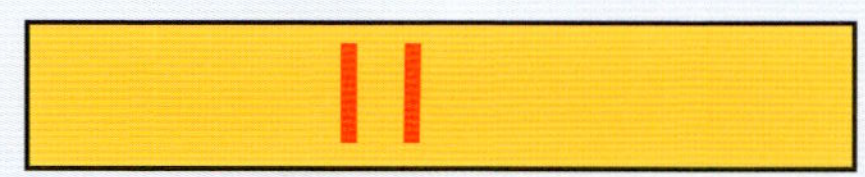 Abb. 87: Station 3: eine Rollmatte, zwei Gymnastikseile
Station 4: Rad auf einer Linie – nur für die Doppelstunde 18 Eine Linie in der Halle wird als „Turnlinie“ bestimmt. Die Kinder versuchen das Rad auf der Linie zu turnen.	**Hinweis:** Es kann auch ein Gymnastikseil auf den Boden oder eine Matte gelegt werden, an dem entlang geturnt wird.

Stundenabschnitte und Unterrichtsinhalte	Organisatorische Hinweise

Station 5: Rad auf Bodenläufer (vgl. Abb. 88) – nur für die Doppelstunde

Bei der letzten Rad-Station üben die Kinder das Rad auf der Rollmatte ohne Hilfsmittel.

Station 6: Handstand abrollen/umfallen (aus der Bauchlage) (vgl. Abb. 89)

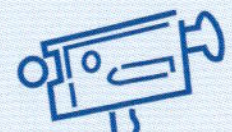

19

Bei der ersten Handstand-Station legen sich die Kinder bäuchlings auf den Kasten. Anschließend rutschen sie so weit nach vorne, dass sie mit den Händen die Weichbodenmatte berühren können. Aus dieser Position drücken sie sich mit den Füßen hoch in den Handstand.

- Aus dem Handstand rollen sich die Kinder auf der Weichbodenmatte ab.
- Aus dem Handstand lassen sich die Kinder gestreckt umfallen (Landung mit Ferse, Rücken und Schulter gleichzeitig auf der Matte).

Station 7: Handstand abrollen/umfallen (aus dem Stand) (vgl. Abb. 90) – nur für die Doppelstunde

Diese Station baut auf Station 6 auf. Die Kinder stehen auf dem Kastenteil und schwingen sich von dort hoch in den Handstand. Die Hände stützen am Ende des Kastenteils.

- Aus dem Handstand rollen sich die Kinder auf der Weichbodenmatte ab.
- Aus dem Handstand lassen sich die Kinder gestreckt umfallen (Landung mit Ferse, Rücken und Schulter gleichzeitig auf der Matte).

Station 8: Handstand auf Matten (vgl. Abb. 91) – nur für die Doppelstunde

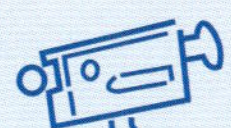

21

Diese Station dient, wie bereits Station 5, dem Üben des Elementes auf der Matte ohne Hilfsmittel.

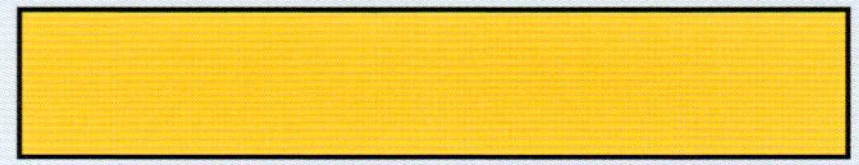

Abb. 88: Station 5: eine Rollmatte oder mehrere (blaue) Turnmatten

(Diese Station kann mit Station 3 eine gemeinsame Rollmatte verwenden.)

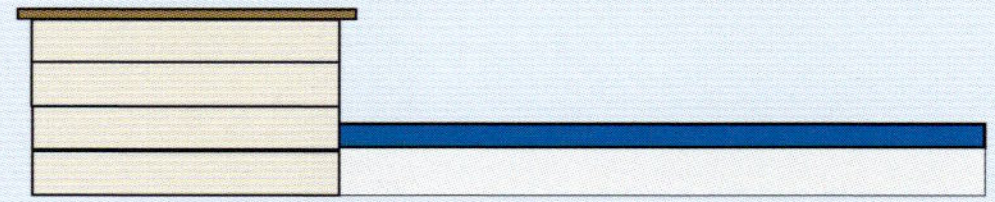

Abb. 89: Station 6: 4- bis 5-tlg. Kasten (je nach Größe der Kinder), eine Weichbodenmatte

Hinweis: Die Hilfestellung (2 Helfer) steht seitlich neben dem Kasten am Rand der Weichbodenmatte und unterstützt das turnende Kind beim Hochdrücken in den Handstand an der Oberschenkelvorderseite.

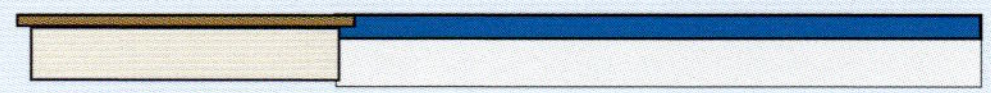

Abb. 90: Station 7: ein Kastenoberteil (Kastendeckel), eine Weichbodenmatte

Hinweise

Die Hilfestellung (2 Helfer) greifen im Klammergriff am Oberschenkel und helfen in den Handstand hoch.

Wenn die Kinder den Handstand mit Hilfestellung noch nicht beherrschen, kann die Übung auch an der Wand durchgeführt werden.

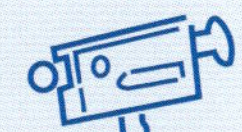

20

Abb. 91: Station 8: zwei (blaue) Turnmatten (zwei einzelne Matten)

Hinweis: Die Hilfestellungen (2 Helfer) greifen im Klammergriff am Oberschenkel und helfen in den Handstand hoch.

Stundenabschnitte und Unterrichtsinhalte	Organisatorische Hinweise
Stundenausklang	
Ab- und Umbau Alle Turnmatten und die Rollmatte(n) werden zu einer Bodenfläche zusammengeschoben und die restlichen Geräte werden aufgeräumt. ***Ausklang der Stunde: Akrobatik*** Anregungen anhand der Bilder (Abb. 92–95) und aus Stunde 11 (Klasse 3/4). Hier erfolgt keine Empfehlung in Bezug auf Einzel-/Doppelstunden. Bspw. kann die Lehrkraft den Kindern die Pyramiden austeilen und die Kinder dürfen selber auswählen.	Die Lehrkraft erläutert die Rahmenbedingungen für Standpositionen auf dem Partner • Im Stehen steht der Partner auf den Oberschenkeln oder • auf den Schultern • In der Bankstellung steht oder kniet der Partner auf dem unteren Teil des Rückens und auf dem oberen Bereich des Rückens • Bei der Akrobatik steht man **NIE** in der Mitte des Rückens oder auf der Wirbelsäule! (siehe auch Video zu Stunde 11)

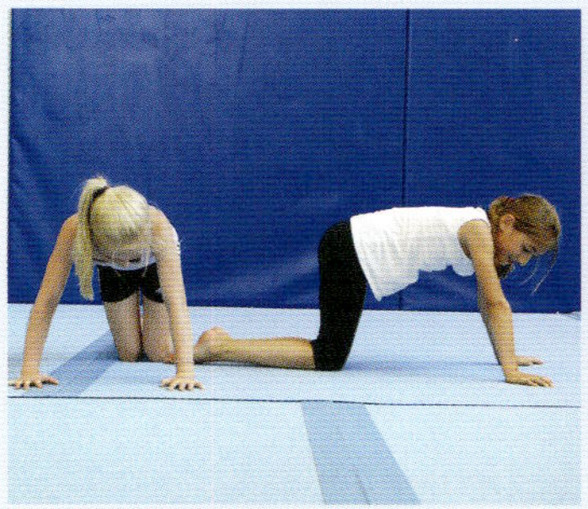
Abb. 92: Bankstellung

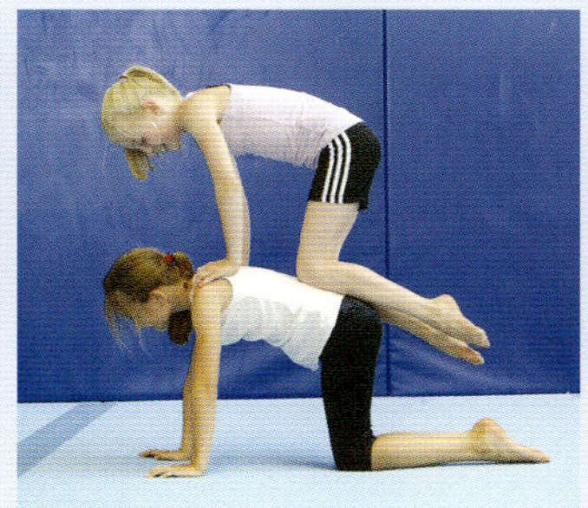
Abb. 93: Doppelbock

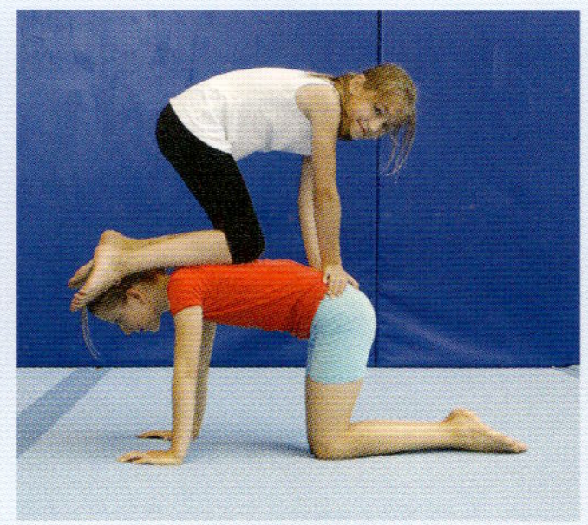
Abb. 94: Doppelbock gegengleich

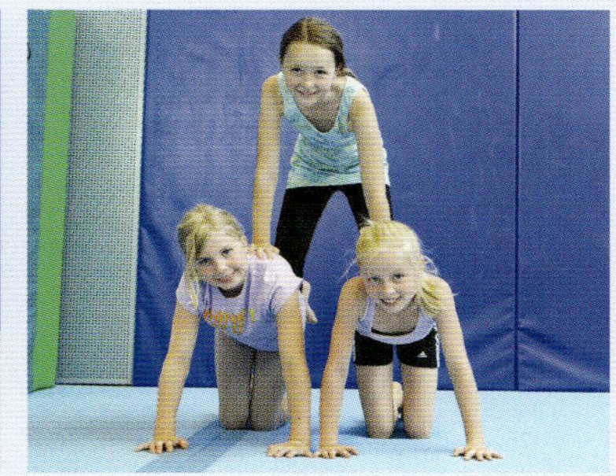
Abb. 95: 3er-Pyramide in Bankstellung

3 Springen an Kasten und Turnbock

Über Hindernisse springen nennen die Bildungspläne von Baden-Württemberg, Hessen und Sachsen als Anregung für die Klasse 4. Kasten und Turnbock sind dabei zwei mögliche Hindernisse, die in den Turnhallen fast immer vorhanden sind. Ideal wäre ein Trapezsprungkasten, ein Sprungwürfel (das ist eine Schaumstoffmatte mit den Maßen 200 x 100 x 80 cm, die sehr vielseitig einsetzbar ist) sowie zahlreiche Stationen aus dem Themenbereich Le Parkour. In der vorliegenden Einheit fand eine Orientierung an den gerätturnspezifischen Sprungformen wie Aufhocken, Hockwende, Grätsche, Hocksprung statt, da Le Parkour in eigenen Entwürfen zu finden ist. Die Elemente des Stundenbilds bereiten jedoch ebenso auf diesen Trendsport vor, da die effektive Überwindung wie bei Le Parkour auf ganz unterschiedliche Art und Weise erfolgen kann.

Didaktisch orientiert sich die Stunde am Miteinander Turnen von Bruckmann (1992), dem sogenannten Gruppenturnen. In drei Themenbereiche untergliedert (Springen auf Kasten/Turnbock – Springen vom Kasten/Turnbock – Springen über den Kasten/Turnbock) können daraus auch verschiedene Unterrichtseinheiten entstehen, wenn es zeitlich, wie etwa bei Einzelstunden, zu knapp ist. Zu jedem Themenbereich werden zwei Stationen vorgestellt, sodass eine große Klasse gut aufgeteilt werden kann. Ist der Aufwand zu groß, werden weniger Stationen ausgewählt und die Teilgruppen vergrößert.

Sowohl Sprunghocke wie auch Sprunggrätsche beginnen in der ersten Flugphase mit einer Vorwärtsrotation (Bewegungsrichtung wie bei einem Salto vorwärts), bei der die Fersen bis über die Waagrechte geschwungen werden. Erst nach dem Einnehmen des Stützes erfolgt durch den Handabdruck eine Rotationsumkehr in die Rückwärtsrotation, durch die der Körper für den Stand wieder aufgerichtet wird; dies wird jedoch in der Grundschule keinesfalls so deutlich zu erkennen sein. Dennoch sollte diese Form das Ziel sein, sodass auf einen guten Absprung mit Rück-Hochschwingen der Beine geachtet und einem frühzeitigen Anhocken/Grätschen vorgebeugt werden soll.

Bereits in der Aufwärmphase werden die Geräte und Hindernisse verwendet, wobei es offen bleibt, wie die Hindernisse überwunden werden. Die genannten Beispiele kann die Lehrkraft einbringen, doch im Sinne eines didaktisch offenen Unterrichts bietet es sich hier an, die Kinder selber Lösungen finden zu lassen.

Die Stationen der Übungsphase können von den Kindern ebenfalls ohne konkrete Vorgaben erfahren werden, wahlweise sind auch Stationskarten mit Übungsanweisungen denkbar. Diese didaktische Überlegung bleibt der Lehrkraft überlassen.

Der Ausklang greift die Stationen noch einmal auf, die jetzt zu einem großen Hindernis-Parcours zusammengeschlossen werden und in Form eines Staffelspiels (Gebirgslauf) überwunden werden. Bereits gemachte Erfahrungen des Überwindens können nun effektiv eingesetzt werden, um schnellstmöglich die Hindernisse zu überwinden.

Benötigte Materialien

- 16 (blaue) Turnmatten oder vergleichbare Sicherungsmatten
- 4 Kästen (5-teilig)
- 1 Sprungpferd
- 1 Turnbock
- 4–6 Kleinkästen

Hinweis

Anstelle der Kästen können auch andere Hindernisse eingesetzt werden, etwa ein Schwebebalken oder ein Mattenwagen mit Matten, der überwunden wird.

Stundenverlauf Stunde 3: *Springen an Kasten und Turnbock*

Stundenabschnitte und Unterrichtsinhalte	Organisatorische Hinweise
Aufwärmphase	
Aufbau der Geräte Die Lehrkraft baut mit den Kinder gemeinsam die Stationen auf. Diese sollten möglichst so aufgebaut werden, dass zwischen den Stationen komplett Matten ausgelegt werden können. Dazu mit einem Gerät beginnen und im entsprechenden Mattenabstand das zweite Gerät dazu stellen. Ist dies nicht möglich, den Abstand zwischen den Geräten weiter wählen, so dass mehrere Schritte zwischen den Geräten möglich sind. ***Station 1:*** ein 5-tlg. Kasten und 1 Turnbock. ***Station 2:*** zwei 5-tlg. Kästen oder 1 Kasten und 1 Sprungpferd. ***Station 3:*** zwei 5-tlg. Kästen quer oder 1 Kasten und 1 Sprungpferd (jeweils quer) – ***nur für die Doppelstunde*** ***Aufwärmspiel: Hindernislauf*** Die Kinder laufen zur Musik mit verschiedenen Bewegungsaufgaben durch die Halle (vorwärts, rückwärts, auf einem Bein, beidbeinig hüpfend) und müssen bei akustischem Signal die Kästen auf unterschiedliche Weise überqueren: • 2 Füße • 2 Hände • Po • 1 Hand • 1 Hand 1 Fuß • Bauch • Ohne Hände und Füße (andere Körperteile erlaubt)	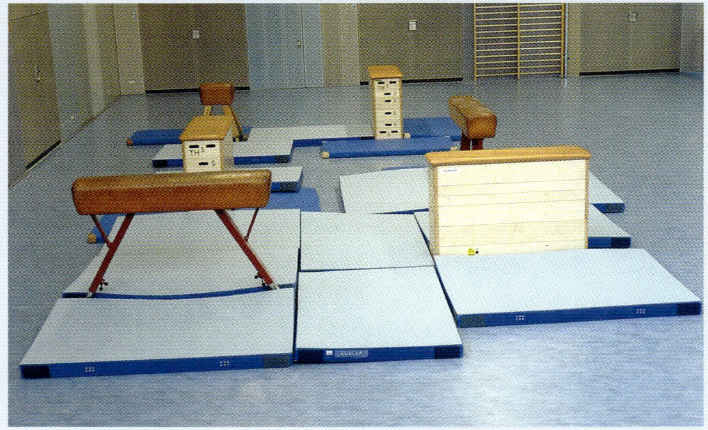 Abb. 96: Stationsaufbau

Stundenabschnitte und Unterrichtsinhalte	Organisatorische Hinweise
Dehnübungen Dehnübung 1: Oberschenkelrückseite/rückwärtige Beinschlinge Dehnübung 3: Innenseite Oberschenkel Dehnübung 5: Gesäßmuskulatur	***Kräftigung/Rumpfstabilisation*** Kräftigungsübung 1: Schiffchen (vor- & rückwärts) Kräftigungsübung 2: Unterarmstütz seitlich (rechts & links)

Übungsphase

Stationenbetrieb: Berg und Tal

Die Kinder werden auf die Stationen verteilt. Die Kinder sollen in den Kleingruppen selbstständig üben/ausprobieren, wie sie auf das Gerät, vom Gerät herunter und über das Gerät turnen können. An den jeweiligen Stationen werden nach einer ersten Erkundungsphase zusätzlich Übungskarten mit verschiedenen Bewegungsmöglichkeiten ausgelegt. Diese Übungskarten sollen als Anregung für weitere Bewegungsmöglichkeiten dienen.

Station 1: „Auf den Kasten turnen" (vgl. Abb. 97–99)

Mögliche Aufgaben: Aufhocken, Aufknien, Aufgrätschen, Sprung zum Sitz ...

Hinweise

22–27

Mögliche Hilfestellung ist der Klammergriff (am Oberarm), den die Lehrkraft zu Stundenbeginn erläutert. Darauf achten, dass nicht am Ellbogengelenk gegriffen wird.

- Kastenhöhe dem Könnensstand der Schüler anpassen.
- Eventuell Sprungbrett bei Station 3 verwenden.

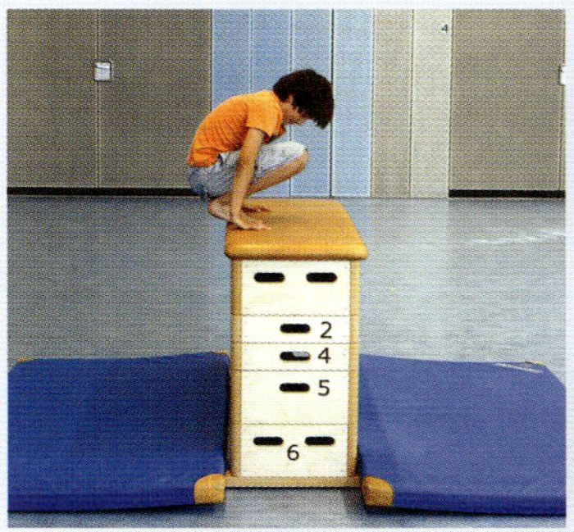

Abb. 97: Aufhocken

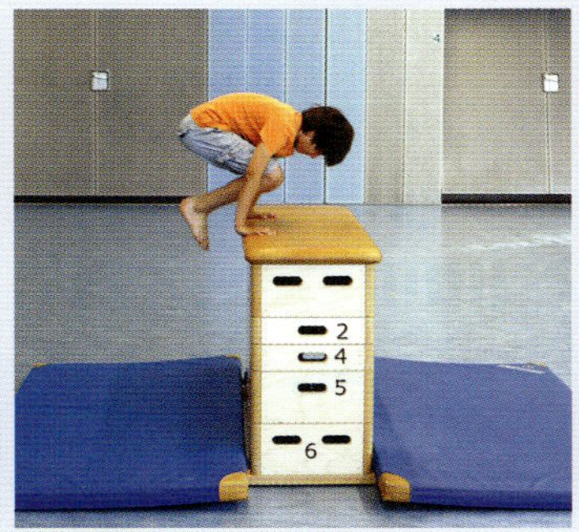

Abb. 98: Aufknien

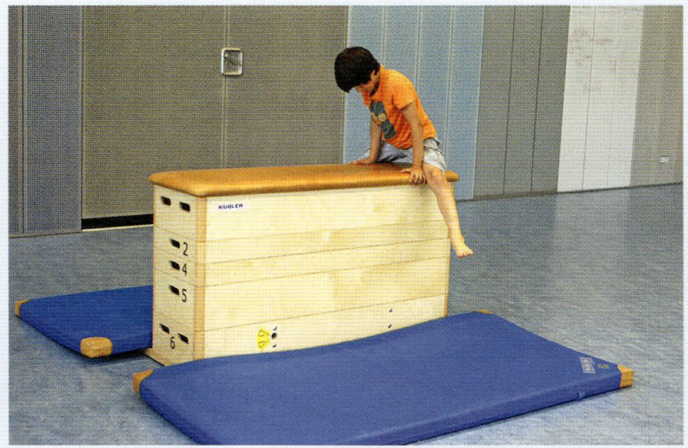

Abb. 99: Aufgrätschen

Stundenabschnitte und Unterrichtsinhalte	Organisatorische Hinweise
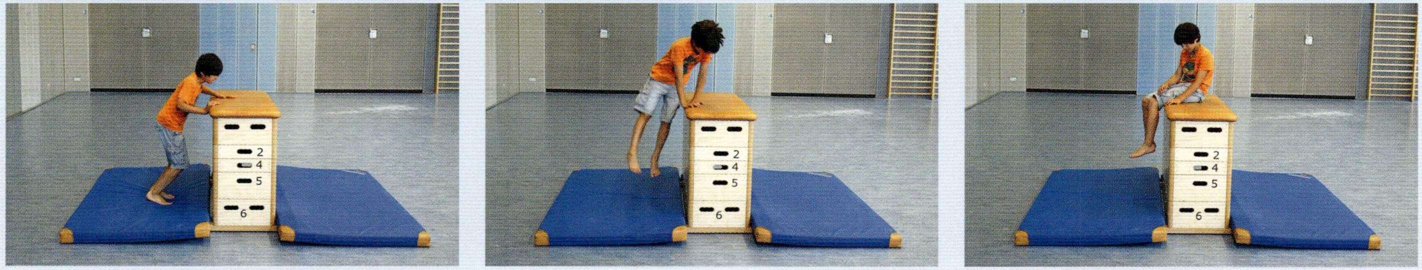 Abb. 100–102: Sprung zum Sitz	
Station 2: „Vom Kasten herunter turnen“ **Mögliche Aufgaben:** Abrollen, Handstand abrollen, Strecksprung, Freestyle-Sprünge.	Werden nur Station 1 und 2 aufgebaut, werden Aufgabe 1 und 2 parallel geturnt.
Station 3: „Über den Kasten turnen“ **Mögliche Aufgaben:** Hockwende, Hocksprung, Grätschsprung, …	Werden nur Station 1 und 2 aufgebaut, wird diese Aufgabe geturnt, nachdem alle Kinder Aufgabe 2 absolviert haben.

Stundenausklang

Gebirgsrennen (vgl. Abb. 103)

Die Kinder führen einen Lauf über die Hindernisse durch. Dabei soll möglichst ohne Pause der gesamte Parcours überwunden werden. Das zweite Kind startet, wenn das erste Kind die zweite Station überwunden hat, überholen ist nicht erlaubt. Die Kinder können ihre gemachten Erfahrungen anwenden und den schnellstmöglichen Weg über die Hindernisse finden.

Gemeinsamer Abbau der Geräte

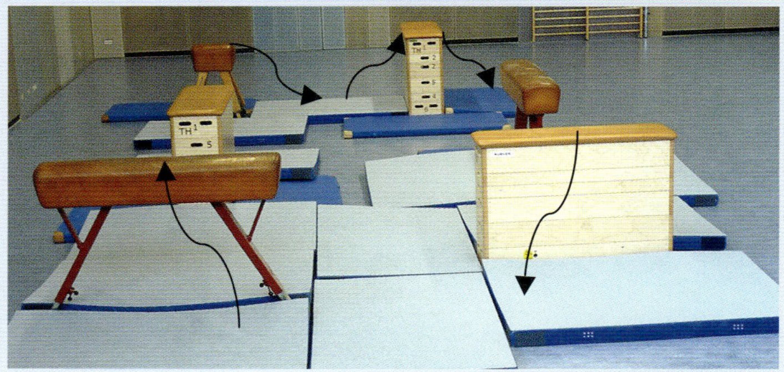

Abb. 103: Laufrichtung Gebirgsrennen

4 Hüftauf- und -umschwung (vorlings rückwärts)

Schon der Titel verrät, dass der Inhalt dieser Stunde sich zwei traditionellen Turnelementen widmet. Sowohl der Hüftaufschwung vorlings rückwärts, wie auch der Hüftumschwung vorlings rückwärts (im Folgenden Hüftaufschwung bzw. Hüftumschwung) sind jedoch nicht nur für das Turnen wichtig, auf jedem Spielplatz mit Stangen sieht man Kinder, die versuchen, einen Hüftaufschwung, einen Hüftumschwung oder eine dem Hüftumschwung ähnliche Bewegung zu turnen. Vorlings bezeichnet hier die Position des Kindes zum Gerät, das die Stange vor sich hat. Die Bezeichnung rückwärts bezieht sich auf die Drehrichtung vom Umschwung, denn das Kind dreht sich rückwärts um die Stange. Die Drehung ist ebenfalls vorwärts möglich, doch diese ist unverhältnismäßig schwerer, so dass diese Drehrichtung im vorliegenden Band für die Grundschule nicht berücksichtigt wird.

Ziel der Doppelstunde ist einerseits die Wiederholung des bereits geturnten Hüftaufschwungs (Klasse 3 und 4, Stunde 8) und die Einführung des Hüftumschwungs, sodass es den Kindern am Ende der Stunde gelingt, beide Elemente mit Hilfestellung zu turnen, um später weiter üben zu können. Dabei wird versucht, den Kindern nicht nur die Elemente selbst, sondern auch die Fähigkeit, anderen dabei zu helfen, zu vermitteln. Gemeinsam übt es sich auf dem Spielplatz ebenfalls leichter. Vorbereitend führt dies zu der in der 6. Klasse durch den Bildungsplan geforderten Kompetenz des Auf- und Umschwingens.

In der Einzelstunde wird auf die Wiederholung des Hüftaufschwungs komplett verzichtet und nur der Hüftumschwung thematisiert. Eine Einzelstunde zum Hüftaufschwung ist bei Klasse 3 und 4, Stunde 8 beschrieben.

Zum Erlernen des Hüftumschwungs bietet sich eine methodische Reihe an, um schnellstmöglich die grundlegenden technischen Feinheiten zu erfahren. Vorausgesetzt wird soviel Stützkraft, dass sich die Kinder auf der Reckstange mehrfach im Stütz halten können. Didaktisch orientiert sich diese Stunde am Sportartenkonzept von Söll (2000).

Mit dem Musikstoppspiel im vorbereitenden Teil der Stunde werden die Kinder auf die kommende Belastung vorbereitet und stimmen sich bereits auf die vorab aufgebauten Geräte ein. Hierbei sollte von der Lehrkraft, entsprechend den körperlichen Voraussetzungen, darauf geachtet werden, dass nicht zu viele Übungen mit Stütz durchgeführt werden, damit die Kinder nicht schon vorab ermüdet sind.

Die Übungsphase beginnt (in der Doppelstunde) mit dem schon bekannten Element Hüftaufschwung (vorlings rückwärts). Wird dieser nicht in der Grobform beherrscht, ist das Erlernen des Hüftumschwungs wesentlich schwerer, da notwendige Bewegungserfahrungen an der Stange fehlen. Bevor im zweiten Teil der Hüftumschwung methodisch erarbeitet wird, erklärt die Lehrkraft das gegenseitige Helfen.

28 Der Hüftumschwung ist biomechanisch betrachtet eine 360°-Rotation rückwärts um die Reckstange. Die Kinder schwingen zunächst die Beine rückhoch (so weit, wie sie es hinbekommen), schwingen dann zurück zur Reckstange, nehmen bei Kontakt der Hüfte an der Stange die Schulter zurück, beugen ganz leicht das Hüftgelenk, drehen sich um die Stange und strecken das Hüftgelenk kurz vor dem Erreichen der Senkrechten (Kopf oben). Wenn die Kinder zu wenig Schwung haben, können sie die Hüfte stärker oder gar die Kniegelenke beugen. Dadurch erhalten sie eine größere Drehgeschwindigkeit und haben schneller Erfolg beim Erlernen des Elements.

Das abschließende Cowboy-Fangen steht in keinem direkten Verhältnis zur Stunde, sondern soll einen ausdauerorientierten Stundenausklang ermöglichen.

Benötigte Materialien

- 4 Gymnastikseile
- 1 Barren
- 2 Reckanlagen
- je vier Kinder eine (blaue) Turnmatte oder Niedersprungmatte
- je vier Kinder einen Turnstab
- 3 Kleinkästen
- 1 Kasten (3-teilig)

Stundenverlauf Stunde 4: *Hüftauf- und -umschwung (vorlings rückwärts)*

Stundenabschnitte und Unterrichtsinhalte	Organisatorische Hinweise
Aufwärmphase	
Gemeinsamer Aufbau der Stationen	
Station 1: Reckanlage mit Kasten (vgl. Abb. 104) 1 Reckanlage mit Reckstange auf Kinn- bis Stirnhöhe, jeweils 3 (blaue) Turnmatten oder Niedersprungmatten, ein 3-tlg. Kasten. ***Station 2: Matten*** Je 4 Kinder eine Matte mit einem Turnstab in der Halle verteilen. ***Station 3: Reckanlage mit Kleinkasten – nur für die Doppelstunde*** 1 Reckanlage mit Reckstange auf Stirnhöhe, jeweils 3 (blaue) Turnmatten oder Niedersprungmatten, 1 Kleinkasten. ***Station 4: Gestufter Barren (vgl. Abb. 105) – nur für die Doppelstunde*** Barren mit einem hohen (auf Kinn- bis Stirnhöhe) und einem niedrigen (auf Hüfthöhe) Holm, 2 (blaue) Turnmatten. Ist der niedrige Holm nicht auf Hüfthöhe zu stellen, können zwei kleine Kästen zur Erhöhung vor den hohen Holm gestellt werden, der dann so hoch gestellt werden soll, dass dieser Stirnhöhe hat, wenn die Kinder auf den kleinen Kästen stehen.	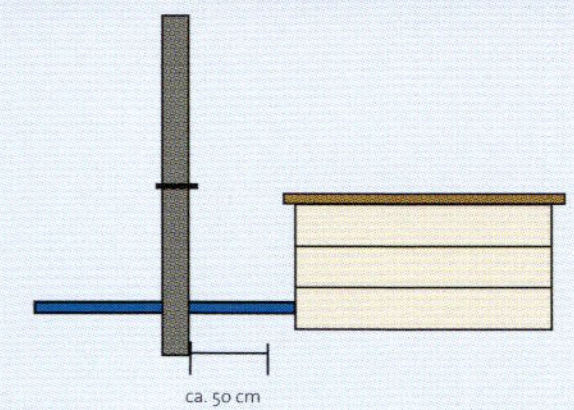 Abb. 104: Station 2 „Reckanlage mit Kasten“ 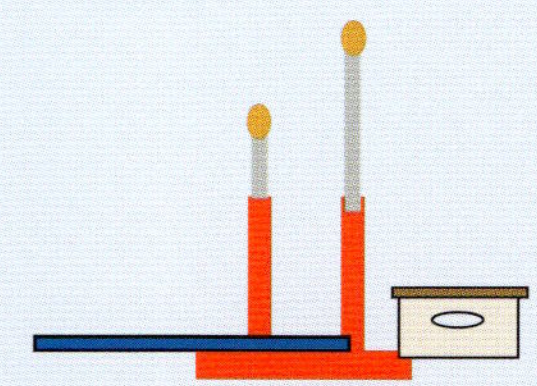 Abb. 105: Station 4 „Gestufter Barren“
„Musikstopp-Laufspiel“ Die Kinder laufen zur Musik um die Geräte/Stationen, bei Musikstopp erhalten sie eine Bewegungsaufgabe. • Mögliche Laufformen: Sidesteps, Hopserlauf, vw/rw laufen, laufen mit Seilspringen ... • Mögliche Bewegungsaufgaben: Balancieren auf den Seilen, Sprung in den Stütz mit anschließendem Abrollen am Reck/gestuften Barren, Rolle vorwärts auf den Matten, Schubkarrenlauf, Seilspringen vorwärts und rückwärts, Seilspringen über Kreuz, ...	**Hinweis:** Je Kind ein Gymnastikseil in der Halle verteilen.

Stundenabschnitte und Unterrichtsinhalte	Organisatorische Hinweise
Dehnübungen Dehnübung 1: Oberschenkelrückseite/rückwärtige Beinschlinge Dehnübung 2: Oberschenkelvorderseite Dehnübung 4: Schulter/Oberarmrückseite/Arm-Rumpf-Winkel	***Kräftigung/Rumpfstabilisation*** Kräftigungsübung 1: Schiffchen (vor- & rückwärts)
Übungsphase	
Wiederholung – nur für die Doppelstunde 11 Demonstration oder Video des Hüftaufschwungs durch die Lehrkraft oder ein Kind. Die Lehrkraft erläutert kurz die Knotenpunkte, die möglichen Übungsformen und die notwendige Hilfestellung.	**Hinweise** • Wiederholung des bereits Gelernten für selbstständiges Üben. • Die Seile des Aufwärmspiels können wieder eingesammelt werden. • Die Kinder werden in drei Gruppen aufgeteilt, zwei Gruppen an einer Reckanlage, eine Gruppe am Barren.
Station 1: Reck mit Kasten Die Kinder stehen nahe an der Reckstange. Mit zwei oder drei Beinkontakten laufen sie am Kastenoberteil entlang, um die Beine dann vom Kastenoberteil über die Reckstange zu schieben.	**Hilfestellung:** Die Hilfestellungen (2 Helfer) stehen links und rechts des turnenden Kindes. Jedoch vor der Reckstange. Die recknahe Hand umfasst die Schulter, wobei der Daumen nach vorne zeigt, die reckferne Hand greift (nach dem Abstoßen) an die Oberschenkelrückseite und schiebt das turnende Kind in Richtung der Reckstange.
Wiederholung ***Hüftaufschwung vorlings rückwärts – nur für die Doppelstunde*** ***Station 2: „Alles dreht sich" – nur für die Doppelstunde*** 12 4 Kinder bilden eine Kleingruppe. Kind 1 ist in der Kipplage und presst einen Turnstab in die Hüftbeuge, Kind 2 steht hinter Kind 1 und hält dessen Füße. Kind 3 und Kind 4 fassen den Stab und heben Kind 1 hoch. Kind 1 richtet dabei seinen Oberkörper in den Stütz auf.	**Hinweis:** Die Lehrkraft demonstriert mit einer Gruppe, bevor alle Gruppen an Station 2 starten. In Einzelstunden werden die Kinder an Station 1 und 2 aufgeteilt, damit die Wartezeit am Reck nicht so lang ist.

Stundenabschnitte und Unterrichtsinhalte	Organisatorische Hinweise
Station 3: Reck mit Kleinkasten – nur für die Doppelstunde	
Die Kinder stellen sich nahe an die Reckstange. Sie sollen mit Hilfe von Schwungbein- und Druckbeineinsatz versuchen, die Beine über und hinter die Stange zu schwingen. Dabei kann zur Unterstützung ein Bein auf dem Kleinkasten abgestellt werden, sodass die Aufschwungbewegung vereinfacht wird.	
Station 4: Gestufter Barren– nur für die Doppelstunde	
Am Barren stehen die Kinder auf dem Kleinkasten, greifen am hohen Holm und drücken mit dem Druckbein vom unteren Holm ab.	Die Hilfestellungen (2 Helfer) stehen links und rechts des turnenden Kindes zwischen den Barrenholmen. Die dem turnenden Kind nähere Hand umfasst die Schulter, wobei der Daumen nach vorne zeigt, die fernere Hand greift an der Oberschenkelrückseite und schiebt das turnende Kind in Richtung der Reckstange.
Station 1: Vorform „Rundherum" – nur für die Doppelstunde	
Rechts und links vom übenden Kind kniet je ein Helfer und presst dessen Hüfte an die Stange. Das übende Kind löst die Füße vom Boden und turnt einen Hüftumschwung rückwärts in den Stütz, während die Helfer die Bewegung unterstützen und dessen Hüfte an die Stange drücken.	**Hinweis:** Reckstangen auf die Höhe stellen, in der sich das übende Kind die Stange im Stand in die Hüftbeuge pressen kann (hüfthoch).
Stationen 3–4: Auftaktbewegung Hüftumschwung vorlings rückwärts	
Die Kinder gehen am Reck/Barren in den Stütz und schwingen die Beine schwungvoll nach hinten-oben und führen die Beine zurück an die Stange (abbremsen).	Demonstration der Auftaktbewegung (die Beine sollen schwungvoll nach hinten-oben schwingen) durch die Lehrkraft. **Hilfestellung:** Keine Hilfestellung.

Stundenabschnitte und Unterrichtsinhalte	Organisatorische Hinweise
Station 3–4: Hüftumschwung vorlings rückwärts Die Kinder gehen am Reck/Barren in den Stütz und schwingen die Beine schwungvoll nach hinten-oben. Anschließend die Beine ohne Abbremsen nach vorne führen und leicht die Schulter nach hinten verlagern.	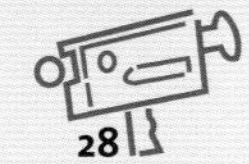 Demonstration oder Video der gesamten Bewegung (Hüftumschwung rückwärts). Mit Hilfe eines Gymnastikseils, das den Kindern um die Hüfte geführt wird (auf einer Seite lose an die Stange knoten, um die Hüfte hinten herum führen, um die Stange wickeln und Ende festhalten), wird die Hüfte der Kinder an der Stange gehalten, so dass es die Hilfestellung einfacher hat. **Hilfestellung:** Zwei Kinder stehen seitlich des turnenden Kindes, vor der Reckstange. Die reckferne Hand unterstützt die Umschwungbewegung am Oberschenkel, die recknahe Hand drückt (v. a. zu Beginn der Bewegung) die Hüfte an die Stange. Das Kind mit dem Gymnastikseil hat nur die reckferne Hand zur Verfügung (Seil mit recknaher Hand fassen).
Gemeinsamer Abbau der Geräte	
Stundenausklang	
„Cowboyfange" Fangspiel mit zwei Fänger-Paaren. Dabei umfassen zweimal zwei Kinder (Cowboys) je ein Seilende und müssen so mit dem gespannten Seil die anderen Kinder (Schafe) einfangen. Wurde ein Schaf gefangen, wird es zum Cowboy und einer der fangenden Cowboys (der Cowboy, der schon länger am Seil ist) darf als Schaf wieder flüchten. Beim ersten Paar entscheidet die Lehrkraft, wer zum Schaf wird.	

5 Le Parkour

Zum Ende der Turneinheit folgt ein sehr spannendes Thema: Le Parkour. Selten findet man die Kinder nach einer Sportstunde so verausgabt, wie nach Le Parkour. Mit Le Parkour bezeichnet man eine Form der Fortbewegung, bei der es im Gegensatz zum traditionellen Gerät- und Kunstturnen nicht auf die Perfektion in der Ausführung ankommt, sondern bei der die Traceure einen möglichst effektiven Weg über die sich in den Weg stellenden Hindernisse (Obstacles) finden sollen. Zunächst fand Le Parkour im urbanen Raum statt, doch mehr und mehr findet diese Bewegungsform Eingang in den Sportunterricht (vgl. u. a. Lange, 2015).

Wichtig ist hierbei, zunächst die Grundtechniken zu erlernen, die in vielen Situationen vorkommen. Dazu gehören das Landen und Abrollen, der Armsprung, das Erklimmen eines Hindernisses, das Überwinden eines Hindernisses und die sogenannten Präzisionssprünge.

Ganz nebenbei lernen die Kinder, sich geschickt an den Großgeräten und Großgerätekombinationen zu bewegen, sammeln darin Erfahrungen, die auch einmal schmerzhaft sein können. Auch das gehört zum Sport und zum Turnen, selbst wenn dies Eltern meist nicht hören wollen. Und Rückmeldungen zur enormen Gefahr, die bei solchen Bewegungsformen vorherrscht, können, dann abgeschmettert werden, wenn die Lehrkraft genügend Zeit zur Vorbereitung der Grundtechniken einplant.

Bei Landungen sollen die Kinder die auftretenden Kräfte federnd abfangen. Es wird hüftbreit, mit leicht nach außen gedrehten Knien, auf den Ballen gelandet. Bei einer Vierpunktlandung fangen die Hände noch zusätzlich Energie ab. Anschließend richtet sich das Kind entweder nach vorne auf und läuft weiter oder es rollt, wenn höhere Kräfte wirken, über die Schulter ab (siehe Klasse 3 und 4, Stunde 6).

Le Parkour in einer Einzelstunde durchzuführen ist so gut wie unmöglich. In Einzelstunden sollten daher nur einzelne Stationen ausgewählt werden. Generell bietet es sich bei diesem Thema an, mit mehreren Klassen nacheinander dieselben Stationen zu verwenden. Da viele Stationen bereits in niedrigeren Klassen durchgeführt werden können (ggf. Höhen variieren), könnten verschiedene Grundschulklassen an einem Tag die einmal aufgebauten Stationen nutzen.

Im Rahmen des Aufwärmens werden die wichtigsten Grundtechniken aufgegriffen: Landen und Rollen. Die vorhandenen Stationen können mit weiteren Aufgaben einbezogen werden, jedoch primär vorsichtig überwindend. In der Übungsphase kann ein kurzes Video zu Le Parkour zusätzlich die Motivation fördern und bietet den Kindern Perspektiven zur Anwendung. An den einzelnen Stationen üben die Kinder die Grundtechniken in sicherer Umgebung. Je nach motorischer Vorerfahrung kann die Lehrkraft die Stationen höher oder niedriger wählen. Der Stundenausklang erfolgt über einen parkourtypischen Lauf durch den gesamten Parcours mit verbaler Unterstützung durch die Wartenden.

Benötigte Materialien

- 4–5 Kleinkästen
- 1 Reckanlage mit 2 Reckstangen
- 8–10 (blaue) Turnmatten
- 3 Weichbodenmatten
- 1 Barren
- 3 Gymnastikseile
- 1 Sprossenwand
- 2 Kästen (5-teilig)
- 1 Rollmatte
- 1 Tauanlage

Stundenverlauf Stunde 5: *Le Parkour*

Stundenabschnitte und Unterrichtsinhalte	Organisatorische Hinweise
Aufwärmphase	
Aufbau der Gerätelandschaft	
Station 1: „Stangen-Wirr-Warr" (vgl. 106) Reckanlage mit 2 Reckstangen, 2 Weichbodenmatten oder 6–8 (blaue) Turnmatten (oder Niedersprungmatten)	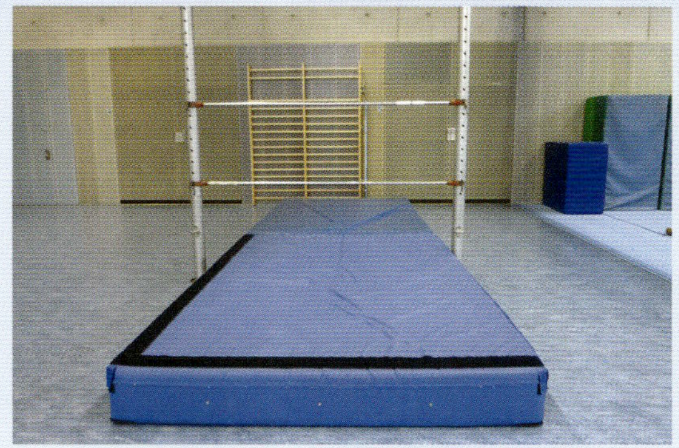 Abb. 106: Station 1 „Stangen-Wirr-Warr"
Station 2 „Die Mauer" (vgl. 107) – nur für die Doppelstunde 1 Barren, 3 Weichbodenmatten, 1 Tauanlage An dieser Station kann als Aufstiegshilfe ein 3-tlg. Kasten bereitgestellt werden, dann entfällt eine Weichbodenmatte und die Tauanlage, die dann bei Station 5 verwendet werden kann.	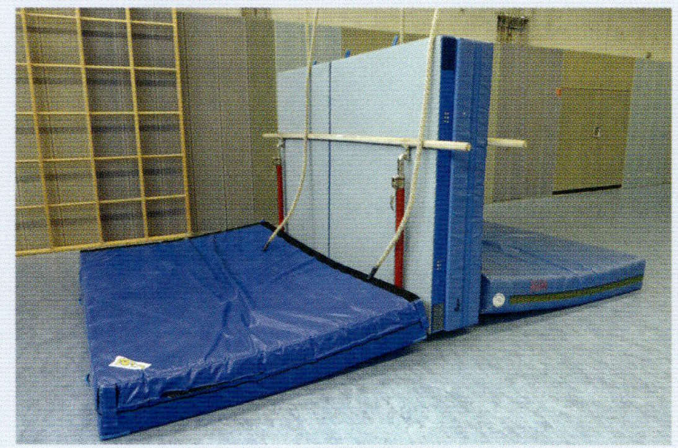 Abb. 107: Station 2 „Die Mauer"

Stundenabschnitte und Unterrichtsinhalte	Organisatorische Hinweise
Station 3: „Der Abgrund“ (vgl. Abb. 108) – nur für die Doppelstunde Ausklappbare Sprossenwand, 1 Weichbodenmatte, 1 (blaue) Turnmatte, ein 4-tlg. Kasten Sofern keine ausklappbare Sprossenwand zur Verfügung steht, können der Kasten und die (blaue) Turnmatte vor die Sprossenwand gestellt werden. Es entfallen die Sprünge auf die andere Seite. Die Weichbodenmatte kann seitlich neben den Kasten gelegt werden (mit etwas Abstand), so dass die Kinder auf die Matte abspringen können.	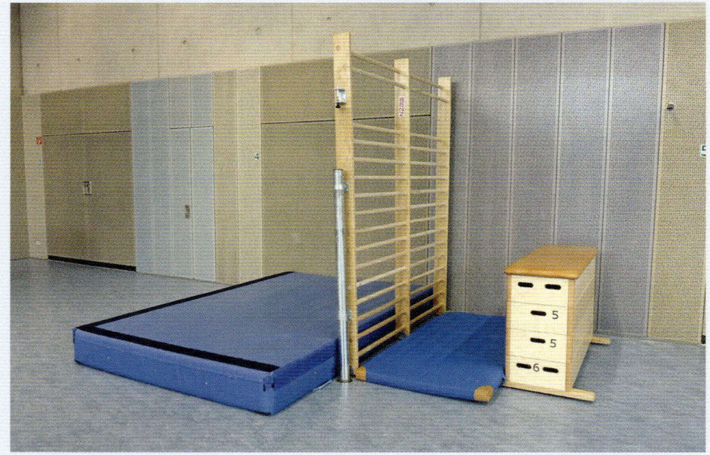 Abb. 108: Station 3 „Der Abgrund“
Station 4: „Das Hindernis“ (vgl. Abb. 109) 1 Bodenrollmatte über einen 4-tlg. Kasten legen.	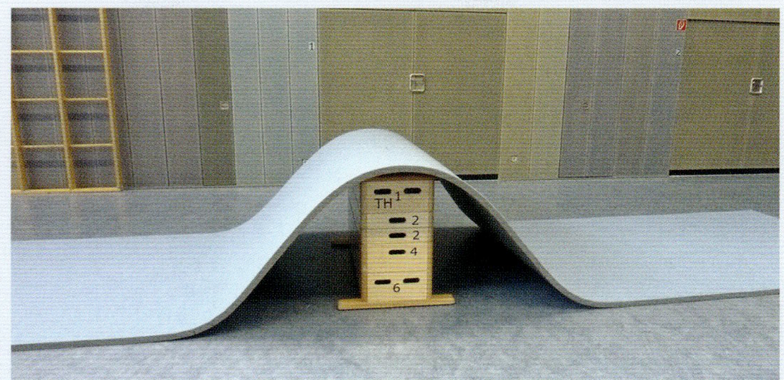 Abb. 109: Station 4 „Das Hindernis“

Stundenabschnitte und Unterrichtsinhalte	Organisatorische Hinweise
Station 5: „Das Seil“ (vgl. Abb. 110) – nur für die Doppelstunde	
1 Tauanlage, 4 Kleinkästen, 2 Niedersprungmatten oder (blaue) Turnmatten	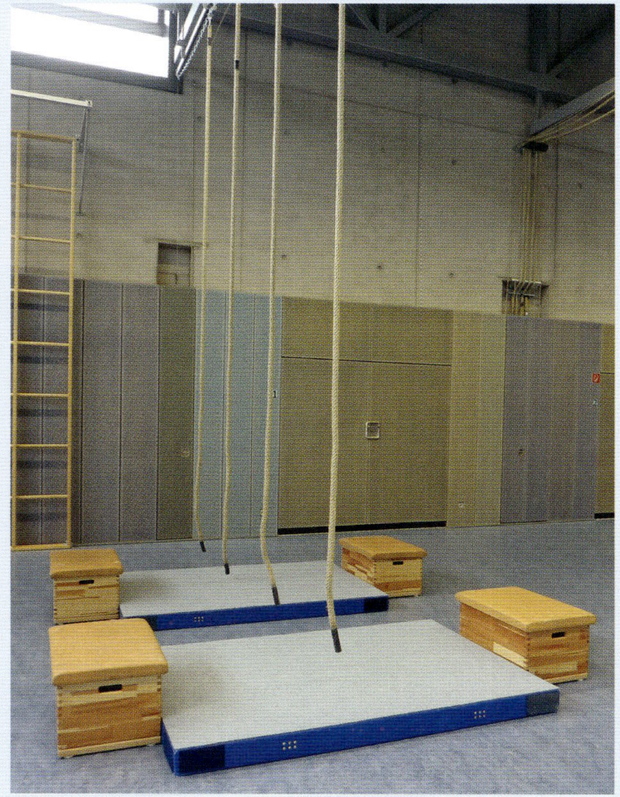 Abb. 110: Station 5 „Das Seil“
Lockeres Laufen über und um die Geräte und Matten herum. Zusätzliche 4–5 Kleinkasten in die Halle stellen.	

Stundenabschnitte und Unterrichtsinhalte	Organisatorische Hinweise
Mögliche Aufgaben • Immer, wenn die Kinder an einer Matte vorbei kommen, sollen sie über die Schulter abrollen. • An den Kleinkästen sollen die Kinder hochsteigen/springen und dann runterspringen und federnd landen. • An den Kleinkästen sollen die Kinder hochsteigen/springen, runterspringen und federnd in der Vierpunktstellung landen, sich aufrichten und nach vorne durchstarten. • An jeder Matte führen die Kinder zunächst einen Strecksprung durch, landen dann in der Vierpunktlandung und rollen anschließend über die Schulter ab. Bei Weichbodenmatten auf die Matte hochspringen. • Auf Kommando stellt sich jedes Kind zwei Schritte vor eine Linie und springt von dort exakt auf die Linie. Sie sollen dabei weich abfedern. • Wer an der Sprossenwand vorbei kommt, stellt sich 1-2 Schritte vor die Sprossenwand und springt in einer V-Position (Bogenposition) so dagegen, dass die Füße und Hände gleichzeitig daran landen.	
Übungsphase	
Stationsbetrieb ***Station 1: „Stangen-Wirr-Warr“*** Abspringen, an der oberen Stange festhalten, durchschwingen und soweit wie möglich vom Gerät entfernt auf den Füßen landen. ***Station 2: „Die Mauer“ – nur für die Doppelstunde*** Die Mauer mit/ohne Seil überwinden. Falls die Mauer zu hoch ist, kann ein Kleinkasten oder ein 3-tlg. Kasten als Aufstiegshilfe genutzt werden. Besonderes Interesse kommt der Landung zu (auf beiden Beinen oder Vierpunktlandung, über die Schulter abrollen).	Die Lehrkraft teilt die Kinder an den Stationen ein und teilt anhand der Stationszahl und Unterrichtszeit den Wechsel mit, so dass alle Kinder an allen Stationen ausprobieren können. Mit Musik untermalen. Während der Zeit an den Geräten ist es möglich, diese nach den Vorstellungen der Kinder umzubauen, um bspw. einen Aufbau zu erschweren oder zu vereinfachen. Dabei immer auf die Sicherheit achten (Höhe, Mattensicherung).

Stundenabschnitte und Unterrichtsinhalte	Organisatorische Hinweise
Station 3: „Der Abgrund“ – nur für die Doppelstunde Vom Kastenende an die Sprossenwand springen, daran festhalten. Von dort entweder nach unten springen, nach oben oder zur Seite klettern und dann runter springen. Auch der Sprung direkt zurück zum Kasten (mit halber Drehung, um die Landefläche zu sehen) kann probiert werden, wenn der Abstand nicht zu weit gewählt wurde. ***Station 4: „Das Hindernis“*** Das schnelle Überwinden des Hindernisses ist das Ziel. Dazu gibt es unterschiedliche Techniken: • Die Kinder springen in einer Art Hocke über das Hindernis. Abdruck mit den Händen nicht vergessen. • Die Kinder springen in einer Art Hockwende über das Hindernis. Dabei mit einem Arm aufstützen und den Körper seitlich über das Hindernis flanken. ***Station 5: „Das Seil“ – nur für die Doppelstunde*** Mit Hilfe des Taus von einem (Klein)Kasten zum anderen (Klein)Kasten schwingen. Variationen können in der Griffhöhe oder in der Landerichtung (seitwärts, rückwärts) liegen.	29
Stundenausklang	
Die Kinder laufen nacheinander durch den gesamten Parcours. Ein möglicher Weg wird vorher vereinbart. Ist Kind 1 an Station 3, startet das nächste Kind.	Evtl. schwächere Kinder zuerst durchlaufen lassen. Wartende Kinder klatschen und feuern an. Musik nicht vergessen.

Literatur

Bastian, J. & Eikenbusch, G. (2010). Sexuelle Gewalt und Schule. *Pädagogik, 62* (9), 6–7

Bruckmann, M. (1992). *Wir turnen miteinander: Ideen, Anregungen und Beispiele für Partner- und Gruppenturnen an und mit Geräten.* Stuttgart: Fördergesellschaft des STB.

Deutsche Sportjugend (2011). *Gegen sexualisierte Gewalt im Sport. Kommentierter Handlungsleitfaden für Sportvereine zum Schutz von Kindern und Jugendlichen.* Zugriff am 23.09.2014 unter http://www.dsj.de/uploads/media/handlungsleitfaden_sexualisierte_gewalt_2013.pdf

Frenger, H. & Peper, D. (1977). Minitrampolin. Voraussetzungen und methodische Wege. In Bundesarbeitsgemeinschaft der Unfallversicherungsträger der öffentlichen Hand (BAGUV), *Curriculum Unfallverhütung und Sicherheitserziehung.* Offenbach.

Freiwald, J. (2013). *Optimales Dehnen.* Balingen: Spitta.

Funke, J. (1989). Sich bewegen als ästhetische Selbsterziehung – ein Anthropologisches Bewegungsverständnis als Grundlage einer Turndidaktik. *Lehrhilfen für den Sportunterricht, 38* (12), 177–189.

Funke, J. (1990). Sich bewegen als ästhetische Selbsterziehung – ein Anthropologisches Bewegungsverständnis als Grundlage einer Turndidaktik. *Lehrhilfen für den Sportunterricht, 39* (1), 7–10.

Funke-Wieneke, J. (1992). Grundzüge einer zeitgemäßen Turndidaktik. *Leibesübung-Leibeserziehung, 5,* 3–7.

Gerling, I. (1997). *Kinderturnen. Helfen & Sichern.* Aachen: Meyer & Meyer.

Klee, A. & Wiemann, K. (2005). *Beweglichkeit/Dehnfähigkeit* (Praxisideen: Schriftenreihe für Bewegung, Spiel und Sport, Band 17). Schorndorf: Hofmann.

Knirsch, K. & Minnich, M. (2005). *Gerätturnen mit Mädchen und Frauen.* Kirchentellinsfurt: Knirsch.

Knirsch, K. (2003). *Lehrbuch des Gerät- und Kunstturnens* (Band 2). Kirchentellinsfurt: Knirsch.

Knirsch, K. (2001). *Lehrbuch des Gerät- und Kunstturnens* (Band 1). Kirchentellinsfurt: Knirsch.

Kurz, D. (1995). Handlungsfähigkeit im Sport – Leitidee eines mehrperspektivischen Unterrichts. In A. Zeuner (Hrsg.), *Sport unterrichten. Anspruch und Wirklichkeit* (S. 41–48). Sankt Augustin: Academia.

Kurz, D. (2004). Von der Vielfalt sportlichen Sinn zu den pädagogischen Perspektiven im Schulsport. In P. Neumann & E. Balz (Hrsg.), *Mehrperspektivischer Unterricht. Orientierungen und Beispiele* (S. 57–70). Schorndorf: Hofmann.

Laging, R. (1991). *Stundenblätter Turnen. Bewegungsgelegenheiten zum Erkunden-Lernen-Gestalten.* Stuttgart: Klett.

Laging, R. (1999). Turnen – ein Erfahrungs- und Lernfeld. *Sportpädagogik, 3,* 17–27.

Lange, S. (2015). Le Pakour. Klassische Turngeräte neu entdeckt. *Sport & Spiel, 15* (2), 26–31.

Lange, S. & Bischoff, K. (2012). *Doppelstunde Turnen* (3., überarbeitete Aufl.). Schorndorf: Hofmann.

Ministerium für Kultus, Jugend und Sport Baden-Württemberg [MKJS] (2004). *Bildungsplan für die Grundschule.* Ditzingen: Reklam.

Richter, H. (1999). Springen mit dem Minitramp – aber bitte nicht aus der „kalten Hose". *Magazin für Übungsleiterinnen und Übungsleiter* (6), S. 16–17).

Roth, K., Damm, T., Pieper, M. & Roth, C. (2014). *Ballschule in der Primarstufe. 26 komplette Unterrichtseinheiten für die Klassen 1 bis 4.* Schorndorf: Hofmann.

Söll, W. (2000). Das Sportartenkonzept in Vergangenheit und Gegenwart. *sportunterricht, 49* (1), 4–8.

Söll, W. (2003). *Sportunterricht – Sport unterrichten. Ein Handbuch für Sportlehrer.* Schorndorf: Hofmann.

Söll, W. (2005). Turnt normfrei. *sportunterricht, 54* (2), 51–52.

Weigelt, L. (2010). *Berührung und Schule. Deutungsmuster von Lehrkräften.* Wiesbaden: VS

Wiesche, D. (2013). Ich muss immer etwas vormachen, damit die anderen sehen, wie es nicht geht! Beschämende Situationen im Sportunterricht. *sportunterricht, 62* (7), 194–199.